Apostolicam actuositatem

Coleção Revisitar o Concílio

Revisitar o Concílio Vaticano II – Dom Demétrio Valentini

Lumen gentium: texto e comentário – Geraldo Lopes

Gaudium et spes: texto e comentário – Geraldo Lopes

Ad gentes: texto e comentário – Estêvão Raschietti

Sacrosanctum concilium: texto e comentário – Alberto Beckhäuser

Unitatis redintegratio, Dignitatis humanae, Nostrae aetate: texto e comentários – Elias Wolff

Apostolicam actuositatem: texto e comentário – Antonio José de Almeida

Dei verbum: texto e comentário – Geraldo Lopes

Inter mirifica: texto e comentário – Joana T. Puntel

Perfectae caritatis: texto e comentário – Cleto Caliman

Presbyterorum ordinis: texto e comentário – Manoel Godoy

Vaticano II: a Igreja aposta no Amor universal – Carlos Josaphat

Vaticano II: a luta pelo sentido – Massimo Faggioli

Utopias do Vaticano II: que sociedade queremos? Diálogos – União Marista do Brasil (UMBRASIL)

A presença feminina no Vaticano II: as 23 mulheres do Concílio – Adriana Valerio

Concílio Vaticano II: batalha perdida ou esperança renovada? – Agenor Brighenti e Francisco Merlos Arroyo

Teologia depois do vaticano II: diagnóstico e propostas – Andrés Torres Queiruga

ANTONIO JOSÉ DE ALMEIDA

Apostolicam actuositatem
Texto e comentário

Dados Internacionais de Catalogação na Publicação (CIP)
(Câmara Brasileira do Livro, SP, Brasil)

Almeida, Antonio José de
  Apostolicam actuositatem : texto e comentário / Antonio José de Almeida. – São Paulo : Paulinas, 2012. – (Coleção revisitar o concílio)

  ISBN 978-85-356-2978-1

  1. Concílio Vaticano (2. : 1962-1965) 2. Documentos oficiais 3. Igreja - História 4. Laicato - Igreja Católica I. Título. II. Série.

  11-13170   CDD-262.15

Índices para catálogo sistemático:
1. Laicato : Eclesiologia : Religião cristã 262.15
2. Leigos : Eclesiologia : Religião cristã 262.15

1ª edição 2012
1ª reimpressão 2018

Direção-geral:
Bernadete Boff

Editores responsáveis:
Vera Ivanise Bombonatto
Antonio Francisco Lelo

Copidesque:
Anoar Jarbas Provenzi

Coordenação de revisão:
Marina Mendonça

Revisão:
Ruth Mitzuie Kluska

Gerente de produção:
Felício Calegaro Neto

Projeto gráfico e capa:
Telma Custódio

Nenhuma parte desta obra poderá ser reproduzida ou transmitida por qualquer forma e/ou quaisquer meios (eletrônico ou mecânico, incluindo fotocópia e gravação) ou arquivada em qualquer sistema ou banco de dados sem permissão escrita da Editora. Direitos reservados.

Paulinas
Rua Dona Inácia Uchoa, 62
04110-020 – São Paulo – SP (Brasil)
Tel.: (11) 2125-3500
http://www.paulinas.com.br – editora@paulinas.com.br
Telemarketing e SAC: 0800-7010081

© Pia Sociedade Filhas de São Paulo – São Paulo, 2012

Sumário

I. A história do texto 7
II. O contexto eclesial anterior ao texto 10
III. Qual a finalidade do decreto sobre os leigos? 34
IV. A novidade de uma ideia antiga: "Povo de Deus" 37
V. O difícil parto do conceito conciliar de "leigo" 42
VI. A missão dos leigos e das leigas na Igreja e no mundo 47
VII. Os múnus profético, sacerdotal e régio dos leigos 50
VIII. Questões mais específicas 53
IX. *Apostolicam actuositatem* ainda é atual? 57

TEXTO E COMENTÁRIO

Proêmio 62
Capítulo I. Vocação dos leigos ao apostolado 64
Capítulo II. Fins a atingir 71
Capítulo III. Os vários campos de apostolado 78
Capítulo IV. Várias formas de apostolado 87
Capítulo V. Ordem a observar no apostolado 96
Capítulo VI. Formação para o apostolado 102
Exortação 110
Promulgação 111

I
A história do texto

Seria interessante começar por uma – ainda que breve – história dos leigos e das leigas. É difícil, com efeito, falar dos leigos e leigas sem acompanhar sua história e, concomitantemente, conhecer o que se refletiu teologicamente sobre eles ao longo dos dois mil anos do cristianismo.[1]

O espaço dessa introdução, porém, é curto, e o que interessa, neste primeiro item, é passar uma breve informação sobre o processo que, a partir da convocação do Concílio, passando por caminhos nem sempre fáceis, desembocou no decreto *Apostolicam actuositatem* sobre o apostolado dos leigos. Um pouco da história do documento conciliar sobre os leigos!

Tudo começou com a ampla consulta aberta que o Papa João XXIII fez sobre os assuntos que deveriam ser tratados no Concílio. A maioria das respostas sugeria que, entre tantos temas, se falasse sobre os leigos e leigas.

Na fase preparatória do grande evento, o Papa criou, além das dez comissões que correspondiam às dez congregações romanas, uma comissão especial sobre o apostolado dos leigos, tal a importância que ele dava à questão.

---

[1] Tentei fazê-lo em ALMEIDA, A. J. *Leigos em quê? Uma abordagem histórica*, São Paulo: Paulinas, 2006.

Esta comissão preparou um texto enorme – 42 capítulos! – que nem chegou a ser debatido. Por quê? Porque o Concílio, com exceção do esquema sobre a Liturgia, rejeitou todos os outros, pois não correspondiam ao que os Padres conciliares pensavam e desejavam. O Concílio estava bem à frente da visão das comissões preparatórias.

O texto teve que ser reelaborado. Ficou bem mais enxuto. Foi enviado aos bispos em abril de 1963 para ser discutido no segundo período do Concílio (de 29 de setembro a 4 de outubro do mesmo ano), mas faltou tempo.

Foi pedido, então, por instâncias superiores, que se fizesse nova redação, ainda mais breve. Os bispos receberam essa terceira redação em maio de 1964 para ser debatida no terceiro período (de 14 de setembro a 21 de novembro do mesmo ano). As críticas foram tantas que a Comissão teve que refazê-lo uma quarta vez. Os bispos receberam o novo texto, em meados de 1965, para ser discutido e votado no último período do Concílio (de 14 de setembro a 8 de dezembro 1965).

A discussão aconteceu de 7 a 13 de outubro. Os bispos criticaram sobretudo uma concepção ainda muito clerical do apostolado dos leigos. Na prática, questionava-se aquela visão unilateral do apostolado dos leigos materializada na "Ação Católica". Esta forma institucionalmente organizada do apostolado leigo – vigorosamente apoiada, sobretudo, por Pio XI e Pio XII – tinha inegáveis méritos, mas não podia ser a única nem o paradigma para todo o apostolado leigo. Positivamente, os bispos pediam que o esquema sobre os leigos se adequasse às novas formulações contidas no esquema sobre a Igreja, que, depois de profundas modificações, resultou na *Lumen gentium*, aprovada no dia 21 de novembro de 1964. Foram encaminhados

1.374 pedidos de modificação. A Comissão procedeu, então, à última redação (a quinta!). No dia 18 de novembro de 1965, foi aprovada por 2.340 votos contra dois.

Note-se que o Concílio foi uma assembleia na qual os bispos participaram com toda a liberdade, o que fez com que os seus dezesseis documentos finais refletissem de fato o pensamento da quase totalidade dos bispos, mais de 2.500! Por vontade de João XXIII e Paulo VI, buscava-se o chamado "consenso unânime".

II
O contexto eclesial anterior ao texto

1. A busca de uma nova presença da Igreja na sociedade

Apostolicam actuositatem foi preparado pelo mais amplo contexto eclesial que constitui a pré-história do Vaticano II[1] – o catolicismo social, o movimento litúrgico, o movimento ecumênico, a nova orientação missionária, o movimento bíblico, a redescoberta da patrística, a valorização da comunidade e o dinâmico apostolado leigo, de modo especial a Ação Católica – e pelas concomitantes transformações pelas quais passava a reflexão teológica, primeiro (depois da Primeira Grande Guerra), nos países de língua alemã, e, posteriormente (depois da Segunda Guerra Mundial), também na França. A renovação da eclesiologia – contexto mais imediato da reflexão sobre os leigos – começara, por exemplo, ainda na primeira parte do século XIX, com Möhler, em Tübingen, mais tarde com Newman, na Inglaterra, e alguns teólogos da Escola Romana.[2]

As últimas décadas do século XIX assistem a uma crescente presença e atuação, primeiro, de leigos isolados,

---

[1] PESCH, O. H. *Il Concilio Vaticano II*; preistoria, svolgimento, risultati, storia post-conciliare. Brescia: Queriniana, 2005.

[2] Cf. ALMEIDA, A. J. *Lumen gentium*; a transição necessária. São Paulo: Paulus, 2005.

depois, organizados, na sociedade civil. Essa presença é ainda muito dependente da hierarquia e visa a devolver ao mundo o sentido da fé – a única âncora que poderia salvar a razão dos caminhos considerados absurdos que vinha percorrendo desde o início da idade moderna – e salvar o organismo social. A razão – argumentava-se – poderá ser salva pelo retorno à sã filosofia, isto é, a de Santo Tomás; a sociedade só conseguirá manter a solidez necessária se respeitar algumas regras exigidas pela natureza e ensinadas pela Igreja. O pontificado de Leão XIII é emblemático neste sentido: a encíclica *Aeterni patris* (1879) relança o tomismo; a *Rerum novarum* (1891) lança as luzes dos princípios da doutrina cristã sobre a sociedade nova que vem dramaticamente emergindo com a Revolução Industrial. O primeiro aspecto do projeto leonino é confiado prevalentemente ao clero; o segundo, aos leigos, cujos novos rostos sociais são, de um lado, os empresários, e, do outro, os operários. Os leigos devem ser os executores das diretrizes que o magistério eclesiástico elabora – não sem o aporte de alguns leigos de peso – e emana.

Neste contexto de crescente envolvimento dos leigos, estes – e, com eles, alguns eclesiásticos iluminados – começam a sentir a necessidade de certa autonomia. Emerge, nesta demanda, a questão que atravessará toda a história da presença dos católicos na vida política: até que ponto as posições da Santa Sé deviam valer como diretrizes indiscutíveis para cristãos que desejam ser cidadãos de um Estado que, embora "laico", era o lugar de exercício da responsabilidade civil de todo cidadão, ateu, agnóstico ou cristão. À distância, pode-se dizer que foi justamente esta reivindicação de autonomia dos leigos cristãos que permitiu realizar o projeto, originariamente intuído por Leão XIII, de uma retomada da influência da Igreja na sociedade civil. Uma Igreja alheia ao mundo seria uma Igreja condenada à insignificância histórica e social; um laicato sem nenhuma autonomia não teria condições de se confrontar, em seu próprio terreno e com as mesmas armas, com o projeto racionalístico-liberal que não reservava ao cristianismo senão o puro exercício da religião, longe da vida civil e relegada a questão meramente privada. A coragem de ir além das diretrizes do magistério mostrou-se profética e, feitas as contas, beneficiou à própria Igreja.

A reflexão teológica mais atenta foi capaz de superar as atitudes de acusação e de conquista, se não mesmo de cruzada – predominantes na fala do magistério – e buscar o sentido de acontecimentos à primeira vista hostis, profundamente hostis, ao cristianismo. Não é possível – diziam alguns teólogos – que, no desígnio providencial de Deus, esses acontecimentos só tenham um sentido negativo!

A teologia francesa da década de 1930 dedicou-se a esta questão, recorrendo à tradição escolástica, especialmente tomista, capaz de ver o valor da realidade criada: tudo tem um sentido aos olhos de Deus e cabe à reflexão teológica mostrá-lo. A neoescolástica, por sua vez, fornecia o esquema onde situar a avaliação positiva da realidade criada: a relação entre natural e sobrenatural. Além disso, com estes instrumentos teóricos, era possível também distribuir as funções entre os membros da Igreja e criar espaço para uma ação dos leigos cristãos dotada de sentido.

São fundamentalmente três as correntes teológicas interessadas em refletir sobre a busca de uma nova presença da Igreja na sociedade: (1) o projeto orgânico de sociedade de Jacques Maritain (1882-1973), com sua proposta de uma "nova cristandade"; (2) a teologia das "realidades terrenas", cujo maior representante foi Gustave Thils (1928-2009); (3) uma nova "teologia da missão", desenvolvida especialmente por Pierre Charles, ao lado de uma nova "perspectiva de missão", proposta por Joseph Cardijn (1882-1967), fundador da Juventude Operária Católica (JOC). Reflexão explícita sobre os leigos e leigas foi realizada, no período anterior ao Concílio, por vários teólogos, destacando-se Yves de Montcheuil (1899-1944), Gérard Philips (1899-1972), o já citado Jacques Maritain (1882-1973), Hans Urs von Balthasar (1905-1988), Karl Rahner (1904-1994), Yves Congar (1904-1995) e Edward Schillebeeckx (1914-2009).[3] Ainda que se situe num outro nível – o do magistério supremo da Igreja –, também merece particular atenção o ensinamento de Pio XII sobre os leigos e leigas.

a) Jacques Maritain: humanismo integral, teocêntrico e histórico

O filósofo francês J. Maritain foi pioneiro em fundamentar de maneira sistemática a nova presença do leigo na sociedade. Segundo ele, a atividade do leigo se dá em três planos: espiritual, temporal e intermediário. "Num primeiro plano de atividade, que é o plano do *espiritual* no sentido típico da palavra, nós agimos como membros do corpo místico de Cristo. Seja na ordem da vida litúrgica e sacramental, como do trabalho das virtudes ou da contemplação, do apostolado ou das obras de misericórdia, a nossa atividade visa, como a sujeito determinante, à vida eterna, a Deus, à obra redentora de Cristo, que deve ser servido em nós e nos outros. É o nível da própria Igreja.

---

[3] Na ordem da listagem desses teólogos, seguiu-se o critério cronológico, especificamente a data da morte.

Num segundo plano de atividade, que é o plano do *temporal*, agimos como membros da Cidade terrena, como engajados nos negócios da vida terrena da humanidade. Quer seja de ordem intelectual ou moral, científico e artístico ou social e político, a nossa atividade, ainda que seja, se for correta, referida a Deus como fim último, visa de si, como a objeto determinante, a bens que não são a vida eterna, mas que concernem, de modo geral, às coisas do tempo, à obra da civilização ou da cultura. É o nível do mundo."[4] O terceiro é aquele mediante o qual – daí, *intermediário* – o plano espiritual atinge o temporal. É o nível das situações nas quais estão implicados valores espirituais que devem nortear a vida temporal. O plano espiritual pertence à *ordem da redenção*; o segundo, à *ordem da criação*; no terceiro, fundado na *encarnação* redentora, articulam-se os dois.

Nos dois primeiros planos, o cristão se situa de modo diverso. "Se me dirijo aos homens para falar-lhes e agir em meio a eles, digamos no primeiro plano de atividade, no plano do *espiritual*, eu apareço diante deles *enquanto cristão*, e nesta medida eu empenho a Igreja de Cristo; e no segundo plano de atividade, no plano *temporal*, eu não ajo enquanto cristão, mas devo agir *como cristão*, empenhando desta maneira só a mim, não a Igreja, mas empenhando-me todo inteiro, e não amputado ou desalmado – empenhando só a mim mesmo que sou cristão, que estou no mundo e ajo no mundo sem ser do mundo, que, pela minha fé, o meu batismo e a minha crisma, e por pequeno que seja, tenho a vocação de infundir no mundo, lá onde estou, a linfa cristã."[5]

---
[4] MARITAIN, J. *Umanesimo integrale*. Roma: Studium, 1946. p. 227.
[5] Ibid., p. 229.

Esta distinção é útil para manter "a unidade do princípio de ação – o ser cristão – na diversificação da finalidade e, sobretudo, da 'figura': o cristão não deixa nunca de ser tal, mas se propõe, num âmbito, como expressão da Igreja e, portanto, a empenha na sua totalidade como estrutura doutrinal, litúrgica, hierárquica; num outro âmbito, como pertencente à Igreja, sem a pretensão de que as suas opções pessoais sejam compartilhadas e avalizadas pela Igreja (leia-se 'hierarquia') e garantidas pela infalível revelação. Neste segundo âmbito, o da Cidade terrena, o cristão age com certa autonomia, não tendo um quadro objetivo definitivo ao qual se referir, como, ao invés, acontece para o primeiro plano de atividade".[6] A Igreja, com o seu conteúdo objetivo e perene de fé, é imune à história; a história é necessariamente mutável; nela, o cristão deve buscar os caminhos para infundir a seiva do eterno; com sua atuação na sociedade, o cristão contribui para salvar a própria sociedade, que, na modernidade, se deixou levar por falsos humanismos e colocou de escanteio a Igreja, que, segundo o liberalismo, pode, sim, dedicar-se ao campo religioso, um religioso, porém, privatizado, pois alheio à sociedade e à história. Maritain propõe, portanto, um humanismo integral, teocêntrico (não cinde o homem do seu destino sobrenatural), mas, por isso mesmo, profundamente histórico (não cinde nem a Igreja nem o cristão da história). Um humanismo capaz de salvar os humanismos produzidos pelo pensamento moderno.

Trata-se, pois, de criar uma "nova cristandade", isto é, "um novo regime temporal cristão [que], ainda que fundado nos mesmos princípios (mas de aplicação analógica)

---

[6] CANOBBIO, G. *Laici o cristiani*; elementi storico-sistematici per una descrizione del cristiano laico. Brescia: Morcelliana, 1992. p. 186.

do regime da cristandade medieval, comporte uma concepção *profana cristã* e não *sacral cristã* do temporal".[7] A superioridade do espiritual sobre o temporal não pode ser pensada e vivida, como na Idade Média, como superioridade da autoridade religiosa sobre a civil; uma cristandade profana é, por sua natureza, pluralística, pois as traduções dos valores eternos podem ser múltiplas e várias; não se deve pensar na unidade maximal da Idade Média, mas numa unidade minimal, quer dizer, não se requer "a unidade de fé e de religião", pois a sociedade pluralista "pode ser cristã mesmo reunindo em seu seio não cristãos".[8]

A proposta de Maritain, evidentemente, não só garante um amplo espaço para o engajamento autônomo dos leigos, mas veicula um projeto histórico de presença e atuação da Igreja na sociedade moderna. Por isso, foi capaz de inspirar e orientar inteiras gerações tanto de leigos quanto de pastores, sendo acolhida como parâmetro teórico inclusive pelo magistério, sobretudo (ainda que com algumas mudanças) por Pio XII e, apesar de dar sinais de "cansaço", no próprio Vaticano II. De qualquer maneira, estão lançadas as bases para a chamada "teologia do laicato".

b) Gustave Thils: o valor das realidades terrenas

G. Thils contribuirá para a formação de uma teologia do laicato com sua obra *Teologia das realidades terrenas*, em cinco capítulos, publicada na França em 1946. "No gigantesco choque de ideias que interessa a vida temporal [...], a teologia cristã deve ter uma palavra que se faça

---

[7] MARITAIN, *Umanesimo integrale*, cit., p. 131.
[8] Ibid., p. 138.

ouvir em nome do Altíssimo."[9] A obra do teólogo belga é uma tentativa de responder ao apelo dos ambientes cristãos no sentido de reintegrar o profano no cristianismo, através de uma nova síntese, em virtude da qual os valores profanos "reencontrariam a sua personalidade, mas permaneceriam ordenados a Deus".[10] Entre os leigos, busca-se a superação de um modelo de santificação tributário da condição monacal: "A santidade é possível no mundo e para todos".[11] A teologia das realidades terrenas vem em auxílio dos leigos e leigas "indicando-lhes qual é o significado real e profundo dos valores que encontram ao longo do dia, ensinando-lhes a considerar o mundo com os olhos da fé à maneira de Deus, e a elevar-se na vida divina 'em virtude do cumprimento do seu dever de estado'. Por outro lado, essa teologia os ajudará a orientar a sua ação".[12] Desta maneira, a teologia coloca-se ao serviço da vida cristã em sua integralidade, nada excluindo de seu horizonte, porquanto Cristo é o Senhor de tudo. O leigo, em seus afazeres terrenos, não deixa de ser um filho da Igreja; dela, porém, não recebe "as formas da sua atividade",[13] mas "uma visão exata e clara daquilo que devem ser, para Deus e para a Revelação, o universo, a sociedade, a família, a profissão, a cultura, a técnica e a arte".[14] Pelo que se vê, a atenção às realidades terrenas coincide com a atenção à atividade dos homens e mulheres, mais precisamente dos cristãos e cristãs no mundo. O cristão não deve fugir

---

[9] THILS, G. *Teologia delle realtà terrene*. Alba: Edizioni Paoline, 1951. p. 5.
[10] Ibid., p. 22.
[11] Ibid., p. 40.
[12] Ibid., p. 41.
[13] Ibid., p. 43.
[14] Ibid.

de um mundo que se lhe tornou hostil, mas dedicar-se à transformação desse mundo, imprimindo nele a sua orientação "natural" para Deus, sem diminuir em nada sua própria consistência ontológica.

A teologia das realidades terrenas, com os limites que se possam nela enxergar, conseguia motivar e dar sentido teológico à ação profana, que, na opinião de muitos, não tinha nenhum sentido, uma vez que se dá fora dos limites do sagrado, único espaço que mereceria o empenho dos cristãos.

c) Pierre Charles e André Seumois: a missão como plantatio ecclesiae

Outra contribuição para o surgimento de uma teologia do laicato vem da chamada "Escola de Lovaina", com a tese segundo a qual o novo nome da atividade missionária da Igreja e de sua própria razão de ser seria a *plantatio ecclesiae*, desenvolvida por P. Charles e A. Seumois, críticos em relação à concepção de J. Schmidlin. Territórios de missão não são apenas aqueles onde nunca se fez ouvir o Evangelho, mas também aqueles que tinham sido evangelizados havia séculos e que, agora, passavam por um processo de descristianização, como documentavam os assistentes da Ação Católica H. Godin e Y. Daniel em sua emblemática obra *France, pays de mission?*, publicado em 1943 em Lyon. As massas operárias, geograficamente próximas, estavam cultural e pastoralmente cada vez mais longe da Igreja; cabia aos cristãos diminuir essa distância. "Para reconduzir a Cristo essas classes inteiras de pessoas que o renegaram, é necessário, antes de tudo, escolher em seu próprio seio e formar auxiliares da Igreja, que conheçam seu espírito e seus desejos e saibam falar aos seus corações com sentido de fraterno amor. Os primeiros e imediatos apóstolos dos operários devem ser os operários; industriais e comerciantes, os apóstolos dos industriais e dos comerciantes", proclama Pio XI ao celebrar o 40º aniversário da *Rerum novarum*.[15]

O princípio indicado pelo Papa deve sua fórmula a Cardijn, fundador da Juventude Operária Católica (JOC): *entre eux, par eux, pour eux* ("entre eles, por eles, para eles"). Além disso, segundo o Papa, os leigos são os colaboradores ("auxiliares") da Igreja, entendida como a hierarquia, na construção da reta ordem social, que coincide com o reino de Cristo.

Na verdade, já na *Ubi arcano Dei consilio*, lançada em 1922, alguns anos depois da Primeira Grande Guerra, estavam colocados os elementos que definirão a futura Ação Católica: "Dizei aos vossos irmãos no laicato que quando eles, unidos aos seus sacerdotes e aos seus bispos, participam nas obras de apostolado individual e social, para fazer conhecer e amar Jesus Cristo, então, mais do que nunca, eles são o *genus electum*, o *regale sacerdotium*, a *gens sancta*, o Povo de Deus, que São Pedro exalta. Então mais do que nunca, são eles também, conosco e com Cristo, beneméritos da paz no mundo, porque beneméritos da restauração e da dilatação do reino de Cristo"[16].

2. A reflexão teológica sobre o leigo antes do Concílio Vaticano II

"Teologia do laicato" – assim mesmo, entre aspas – é o nome do projeto teológico (é bom lembrar que Maritain, mesmo propondo um programa prático, reflete como

---

[15] PIO XI, *Quadragesimo anno*, 123.
[16] PIO XI, *Ubi arcano Dei consilio*, 58.

filósofo) que visa, a partir da fé, a dar dignidade à figura do leigo, reconhecendo suas funções específicas.[17]

Passemos brevemente em revista seus principais representantes.

a) Yves de Montcheuil

O principal contributo do jovem jesuíta francês à teologia do laicato está em afirmar que a condição de vida dos leigos constitui "vocação": "O leigo é um chamado e deve considerar a sua vida e a sua atividade como uma vocação".[18] O leigo não se empenha nas realidades terrenas em primeiro lugar para fazer triunfar a justiça e a caridade, mas para fazer a "vontade de Deus", que se manifesta nos sinais da vida pessoal e coletiva,[19] que devem ser interpretados à luz da fé. Não há, portanto, separação entre a vida cristã e o empenho na sociedade: "O cristão deve unir a uma vida religiosa vivida por si mesma e voltada para a eternidade uma ação temporal comandada por esta vida religiosa".[20]

Sendo assim, ele não é dependente ou representante da hierarquia, que, por seu turno, não é a Igreja. O leigo goza de autonomia na sua atuação na sociedade: "Se a hierarquia tem o direito de intervir quando o considera oportuno, não há nenhuma utilidade em solicitar indiscriminadamente sua intervenção quando estão em jogo problemas que cabe ao leigo pôr e resolver. Se ele deve pedir ao sacerdote luzes sobre a doutrina social da Igreja, deve, porém, evitar

---

[17] Cf. ANGELINI, G.; AMBROSIO, G. *Laico e Cristiano*. Genova: Marietti, 1987. p. 88.

[18] DE MONTCHEUIL, Y. *Problemi di vita spirituale*. Milano: Vita e Pensiero, 1956. p. 61.

[19] "No transcorrer normal do mundo, que parece bastar-se a si mesmo, está já presente a ação de Deus" (ibid.).

[20] Ibid., p. 154.

submeter à decisão da hierarquia eclesiástica aquilo que compete à sua iniciativa. Se os fiéis não têm a coragem de assumir a sua responsabilidade e se habituam a deixar-se cobrir, quando não é necessário, por uma decisão da autoridade, correm o risco de dar ao clero o mau hábito de intervir demais na escolha das instituições temporais. Será inútil depois lamentar-se de um clericalismo que foi provocado e tornado praticamente necessário por causa da covardia. Por isso, não podem ser desaprovados aqueles leigos que mostram uma legítima suscetibilidade e que não aceitam que se invada o terreno a eles reservado ou, digamos melhor, que querem desincumbir-se eles próprios da tarefa que lhes foi confiada. Eles devem ser instruídos, formados, controlados, avaliados, mas não impedidos e vinculados".[21] O cristão deve inspirar as suas escolhas na fé, não nos ditames da hierarquia, que não tem competência no âmbito das atividades temporais. Na verdade, "é preciso fazer uma distinção entre atividade cristã e atividade que se exerce sob a direção da Igreja. Esquecendo-o, corre-se o risco ou de negar o caráter cristão da ação temporal ou de cair no 'clericalismo'".[22]

Deixar aos leigos a responsabilidade por suas escolhas no campo social é reconhecer a provisoriedade de tais escolhas e, ao mesmo tempo, a seriedade do empenho assumido em primeira pessoa por eles, que devem responder, antes de tudo, a Deus. Isso não significa que o leigo seja abandonado e condenado ao isolamento: "Para o católico, a Igreja não sustenta a sua vida religiosa somente do exterior: ela lhe é interior. Ela não é como uma casca destinada a protegê-lo; não é também uma organização que devesse canalizar uma força proveniente de não sei

---
[21] Ibid., p. 168.
[22] Ibid., p. 170.

onde para discipliná-la. Ela está, ao contrário, na própria origem desta força; é nela que cada um a acessa; é mediante ela que cada um se liga à própria fonte".[23] Ou seja: a interioridade da Igreja (a Igreja é realidade interior que acompanha o leigo sempre e em todo lugar) fundamenta o sentido autêntico de sua autonomia nas suas escolhas temporais!

b) Yves Congar

A expressão mais madura da "teologia do laicato" é, sem dúvida, a volumosa obra *Jalons pour une théologie du laïcat* de Y. Congar, publicada em 1953.

Congar propõe-se a responder fundamentalmente a duas questões: a consciência da necessária participação ativa dos leigos na liturgia[24] e, ao mesmo tempo, da grandeza e das exigências do empenho cristão.[25] A vida dos cristãos está a exigir uma reflexão profunda e sistemática. O autor, porém, reconhece os limites de sua obra: por um lado, não tem a pretensão de oferecer uma reflexão completa e definitiva e, pelo outro, sabe – e, aqui, abre uma perspectiva inovadora que se mostrará fecunda – que uma teologia do laicato "supõe toda uma síntese eclesiológica", pois "não haveria senão uma teologia válida do laicato: uma eclesiologia total", que, por sua vez, deveria vir articulada com uma antropologia e uma teologia da criação em sua relação com a cristologia![26]

Parte da etimologia do termo "leigo" – que derivaria de *laós* ("o povo" de Deus), em oposição a *éthne* ("as

---

[23] Ibid., p. 7.
[24] Cf. CONGAR, Y. *Jalons pour une théologie du laïcat*. Paris: Cerf, 1953. p. 8.
[25] Cf. ibid.
[26] Ibid., pp. 13.14.

nações", "os pagãos") –, que o próprio Congar, todavia, na década de 1960, reconhecerá ser pouco pertinente.[27]

De qualquer forma, para poder precisar a peculiar característica do leigo, o significado etimológico deve ser completado por uma dupla aproximação: (a) "membros do Povo de Deus, os leigos estão ordenados, como os clérigos e os monges, por estado e condição direta, às realidades celestes";[28] (b) além disso, o leigo é "aquele para o qual, na obra mesma que Deus lhe confiou, a substância das coisas em si mesmas existe e é interessante";[29] numa palavra, "um leigo é um homem para quem as coisas existem; para quem a sua verdade [das coisas] não é como que engolida e abolida por uma referência superior. Porque para ele, cristãmente falando, o que se trata de referir ao Absoluto é a realidade mesma dos elementos deste mundo cuja figura passa".[30] O leigo, portanto, é definido sob a coordenada do *éschaton* e sob a coordenada do "mundo".

Sua eclesialidade é desenvolvida por Congar na linha de um serviço que ele presta à Igreja servindo o mundo: "Para a plenitude da sua obra segundo o plano do Deus

---

[27] Cf. "Addenda" da edição de 1964 de *Jalons*, pp. 647-648. A edição italiana de 1966 já traz, em apêndice, essa revisão (CONGAR, Y. *Per una teologia del laicato*. Brescia: Morcelliana, 1966. p. 649). Os trabalhos que exigiram o abandono daquela explicação etimológica foram basicamente dois: DE LA POTTERIE, I. L'origine et le sens primitif du mot laïc. *Nouvelle Revue Théologique* 80 (1959), pp. 840-853, e BAUER, J. B. Die Wortgeschichte von "Laicus". *Zeitschrift für Kirche und Theologie* (ZKT) 81 (1959), pp. 224-228. Estudos posteriores ou intervenções parciais sobre a história do termo "leigo" não mudaram a substância das conclusões de De la Potterie e de Bauer (cf. JOURJON, M. Les premiers emplois du mot "laïc" dans la littérature patristique. *Lumen Vitae* 65 (1963), pp. 37-42; *Laicità, problemi e prospettive*; atti del XLVII Corso di aggiornamento culturale dell'Università Cattolica, Verona 23-30 settembre 1977. Milano: Vita e Pensiero, 1979. Especialmente pp. 84-112.

[28] CONGAR, *Jalons pour une théologie du laïcat*, cit., p. 38.

[29] Ibid., p. 39.

[30] Ibid., p. 45.

vivo, a Igreja deve compreender leigos, quer dizer, fiéis que façam a obra do Mundo e que atinjam seu fim último estando dedicados à obra do Mundo. Isto lhe é essencial".[31]

Sendo assim, cabe ao clero ("liberado da obra do mundo") a função de mediação entre Cristo e a comunidade de salvação em função de sua constituição, enquanto aos leigos cabe a "mediação" entre a Igreja e o mundo. Através de uns e dos outros, Cristo exerce a sua realeza messiânica na história e no mundo, sob duas modalidades: os leigos (e também os clérigos e os monges enquanto membros da Igreja) agem através da sua própria vida; a hierarquia, através dos meios da graça.

Em sua relação com a Igreja, os leigos participam dos múnus sacerdotal, real e profético de Cristo, sempre, porém, segundo o duplo regime acima mencionado. A insistência na participação ativa dos leigos na vida da Igreja visa a superar os limites estreitos da eclesiologia da Contrarreforma, o que já se verifica na prática de tantos cristãos e cristãs que, com sua vida, contribuem para a edificação da Igreja e sua visibilidade na sociedade.

Congar dedica um grande espaço à Ação Católica, a qual, com base no "mandato", exerce coletivamente, em nome da Igreja, uma influência cristã na sociedade como um todo e/ou nos seus vários setores. Parte da definição de Pio XI ("participação dos leigos no apostolado hierárquico"), retomada por Pio XII ("colaboração dos leigos no apostolado hierárquico"), não vendo, neste contexto, nenhuma diferença substancial entre os termos "participação" e "colaboração".[32] O dominicano distingue uma

---
[31] Ibid., p. 39.
[32] "Se a nossa explicação da fórmula de Pio XI é exata, compreende-se que Pio XII tenha podido substituir a palavra "participação" pela palavra "colaboração",

ação *ex spiritu* e uma função *quasi ex officio*. A ação cristã e apostólica realizada *ex spiritu*, com base na consagração batismal, por uma iniciativa absolutamente pessoal, é uma ação "na Igreja", mas não "da Igreja". Ela pode, entretanto, tornar-se "ação da Igreja" se for "instituída" "por um apelo e uma intervenção hierárquicas", o que se dá ou pela ordenação sacerdotal ou por um apelo à Ação Católica. Neste segundo caso, o leigo não só permanece "em sua condição leiga", mas é exigido que "permaneça nessa condição". Desta forma, passa-se de um projeto espontâneo e totalmente pessoal "ao nível de uma condição homologada pela Igreja".[33] O conteúdo da Ação Católica, por sua vez, "não é constituído pelo compromisso temporal em si mesmo, mas pela obra de Igreja que visa à animação cristã, à finalização e à alimentação cristã deste compromisso, além da parte eventual de apostolado explícito e direto que é preciso sempre afirmar".[34]

Feitas essas distinções, é possível precisar em que consiste a vocação *própria* do leigo, quer dizer, "a que corresponde à sua condição como tal". A vocação própria do leigo, segundo Congar, "é ir a Deus fazendo a obra deste mundo [...], construindo a substância (*l'étoffe*) do mundo e da história e vivendo, para isso, segundo as dimensões horizontais da existência [...]. O leigo deve viver para Deus, mas sem ser dispensado de fazer a obra do mundo; sua vocação cristã própria é procurar a glória de Deus e o reino de Cristo *na e pela obra deste mundo*".[35]

---

não somente sem alterar o seu sentido, mas precisando com felicidade a significação real que Pio XI dava a essa participação" (ibid., p. 512).
[33] CONGAR, *Jalons pour une théologie du laïcat*, cit., p. 521.
[34] Ibid., p. 549.
[35] Ibid., p. 552.

As tarefas dos leigos e dos clérigos, portanto, são complementares e, juntas, realizam a totalidade da missão da Igreja: "A missão total da Igreja integra seja o papel próprio dos clérigos seja o papel próprio dos leigos, sem prejuízo do que é comum a uns e a outros; a missão do laicato complementa a do sacerdócio, que, sem ela, não atingiria a plenitude dos seus efeitos".[36]

Congar discute também se há uma espiritualidade dos leigos empenhados no mundo e pergunta-se por sua caracterização: "Quais são as condições particulares nas quais os leigos devem santificar-se; quais são os valores, quais traços essas condições levam a desenvolver na vida cristã vivida pelos leigos?"[37] Se é verdade que não há senão um cristianismo, também é verdade que "as vocações são diversas, diversas as situações e as condições de vida, diversos os deveres concretos e os estados".[38] O ponto de partida da descrição da espiritualidade do cristão leigo é "a vontade de Deus que nos dá ou nos entrega o mundo como dever e como tarefa".[39] Deste primeiro elo, o mais sublime e o mais sólido, é que vão se concatenar os principais elementos de uma espiritualidade própria do leigo: a vontade de Deus, santa e santificadora; a vocação; o serviço e suas exigências, o compromisso e a responsabilidade, tudo sob o signo da cruz.[40] A situação sociológica do leigo é, deste modo, lida como situação teológica na qual tudo se torna meio de santificação (servir ao mundo, cumprindo a obra do mundo, é serviço a Deus), cujas consequências

---
[36] Ibid., p. 553.
[37] Ibid., p. 559.
[38] Ibid., p. 560.
[39] Ibid., p. 594.
[40] Ibid., p. 595.

práticas são: lealdade em relação às coisas, competência no que faz, liberdade diante dos bens terrenos.[41] Assim, a ação do cristão no mundo tem um valor sanante e elevante para o mundo e santificante para o cristão.

Apesar dos limites que, mais tarde, o próprio Congar reconhecerá em sua obra,[42] e que os críticos identificarão sobretudo na distinção mal elaborada entre ordem natural e ordem sobrenatural (comum à teologia da época) e à busca de uma essência do leigo ao lado de outras essências,[43] a reflexão de Congar – em *Jalons* e em outros textos de menor amplitude – marcará o espaço de uma geração e entrará nos textos conciliares relativos à identidade e à tarefa dos leigos.

c) Karl Rahner

A reflexão de Rahner sobre os leigos – diferentemente da de Congar, que, só nos *Jalons*, se estende por quase setecentas páginas – concentra-se num pequeno artigo, escrito em 1956: *L'apostolat des laïcs*.[44]

O fenomenal teólogo alemão parte da consideração do "lugar vital" como decisivo para a determinação da condição teológica. Para ele, o leigo é "o cristão que permanece no mundo".[45] Comenta Canobbio: "O 'permanecer'

---

[41] "Vivendo segundo a lei do seu sacerdócio real, empenhando-se e ao mesmo tempo desvinculando-se do mundo, mergulhando nele e elevando-se acima dele, o cristão tem a oportunidade de realizar, no mundo dos homens, que é um mundo de luta e de injustiças, aquela função de portador de paz que o Evangelho atribui aos verdadeiros filhos de Deus" (ibid., p. 627).

[42] Cf. CONGAR, Y. *Ministeri e comunione ecclesiale*. Bologna: EDB, 1973.

[43] Cf. ANGELINI; AMBROSIO, *Laico e Cristiano*, cit., p. 64.

[44] RAHNER, K. L'apostolat des laïcs. *Nouvelle Revue Théologique* 78 (1958), pp. 3-32.

[45] RAHNER, K. *Saggi sulla Chiesa*. Roma: Edizioni Paoline, 1966. p. 219. Numa perspectiva semelhante, Y. de Montcheuil insiste sobre a condição de vida

corresponde a ser posto por Deus numa condição que não é abandonada nem mesmo com o ingresso no cristianismo: tornando-se cristão, o leigo continua a viver no mundo, numa condição diferente da do clérigo e do religioso, os quais, ao assumirem um ofício eclesiástico ou ao fazerem a profissão dos conselhos evangélicos, abandonam o mundo, que deixa de ser o seu lugar nativo".[46] Desta sua conceituação do leigo Rahner tira a conclusão de que "quem assume, por um encargo estável da hierarquia, um ofício pertencente à própria hierarquia cessa de ser leigo".[47] Obviamente, esta conclusão suscitou vivas reações, inclusive do Papa Pio XII: "A aceitação por parte do leigo de uma missão particular, de um mandado da hierarquia, se, de um lado, o associa mais estreitamente à conquista espiritual do mundo que a Igreja efetua sob a direção dos seus pastores, do outro lado não é suficiente para fazer dele um membro da hierarquia, a dar-lhe o poder de ordem e de jurisdição, que permanecem estritamente ligados ao sacramento da ordem nos seus diversos graus".[48]

d) Hans Urs von Balthasar

A teologia do leigo de Von Balthasar é crítica seja em relação a Congar seja em reação a Rahner. Ela está estreitamente ligada ao núcleo central de seu pensamento teológico, que consiste em traçar "o programa da Igreja para o nosso tempo, o verdadeiro e não reduzido" (segundo ele, o de Rahner). O programa verdadeiro seria o da "mais estrita

---

dos leigos como "vocação" a pleno título (cf. DE MONTCHEUIL, *Problemi di vita spirituale*, cit., p. 61; cf. CANOBBIO, *Laici o cristiani?*, cit., pp. 192-193).

[46] RAHNER, *Saggi sulla Chiesa*, cit., p. 203.
[47] Ibid., p. 234ss.
[48] PIO XII, Discorso al II Congresso Mondiale per l'Apostolato dei Laici, 5/10/1957: AAS 49 (1957).

imitação de Cristo", uma imitação, porém, que aconteça no lugar em que a tensão entre o ser cristão e o ser homem é mais forte, que é justamente a condição secular. Consequentemente, o teólogo suíço atribui à forma eclesial nova dos chamados *instituta saecularia* um papel crucial em vista da realização do programa de uma presença renovada e não tautológica do cristianismo no mundo atual. Tal figura de leigo vive "segundo os conselhos evangélicos" – que consistem na total renúncia de amor do Senhor aos bens do matrimônio, das riquezas e do poder – conselhos estes que não são senão a forma do amor salvador de Cristo e dizem respeito a todo crente, tanto no "estado religioso" quanto no "estado mundano".[49] A teologia do laicato de Von Balthasar não teve muitos seguidores, ao menos no imediato contexto em que foi proposta.

e) Gérard Philips

O teólogo belga G. Philips, um dos principais redatores da *Lumen gentium*, teria sido "o único a buscar uma abordagem 'positiva' do conceito de leigo no decorrer dos anos 1950-1960".[50] Sua pretensão é formular, "o mais claramente possível, à luz da verdade revelada, os *princípios exatos* que dizem respeito ao lugar e à tarefa do laicato na Igreja".[51]

---

[49] Cf. VON BALTHASAR, H. U. *Il filo di Arianna attraverso la mia opera*. Milano: Jaca Book, 1980. Em relação especificamente aos leigos e leigas, os títulos principais de Von Balthasar são: *Der Laie und der Ordenstand*. Einsiedeln: Johannes Verlag, 1948; *Il laico e la Chiesa* (1954) e *Sulla teologia degli Istituti secolari* (1956), colocados na obra maior *Sponsa Verbi*. Brescia: Morcelliana, 1972. pp. 311-326 e 409-442; *Gli stati di vita del cristiano. 2.* ed. Milano: Jaca Book, 1996; Vi sono dei laici nella Chiesa?. In: *Nuovi punti fermi*. Milano: Jaca Book, 1980. pp. 155-171.

[50] GROOTAERS, J. Le rôle de Mgr G. Philips à Vatican II. In: *Ecclesia a Spiritu Sancto edocta*. Gembloux: Duculot, 1970. p. 347.

[51] PHILIPS, G. *Le rôle du laïcat dans l'Église*. Tournai/Paris: Castermann, 1954; *I laici nella Chiesa*. Milano: Vita e Pensiero, 1956. p. 23.

Em primeiro lugar, à luz de uma visão escatológica da Igreja, ele considera muito rígida a distinção de Congar entre hierarquia e laicato: se, na consumação do Reino, não haverá nem chefes nem servos, a distância entre pastores e fiéis deve ser relativizada.

Em segundo lugar, os leigos, ou cristãos ordinários, têm a mesma dignidade dos clérigos e dos religiosos em relação a Deus e à salvação a alcançar, sendo diferente apenas seu modo de amar e de servir a Deus e ao próximo, dada a sua condição, sua existência e sua atividade no mundo.

O que importa, realmente, para Philips, é a lei da caridade, que é o princípio último de todo apostolado e a alma da Igreja. Em virtude desta caridade, o leigo aporta a graça a todos os membros do corpo de Cristo e a toda a humanidade; desta maneira, ele participa do apostolado, que, evocando a função dos apóstolos, indica certa subalternidade em relação à hierarquia; subalternidade, porém, mais fundamental é a de todos em relação a Cristo, chefe supremo, o que faz com que também os subalternos sejam colaboradores. Decorre daí que sacerdotes e leigos devem ajudar-se mutuamente a viver a vocação própria de cada um, vocação que, no caso dos leigos, não se caracteriza por um objeto que seria exclusivamente ou em maior parte profano, mas de "um sujeito plenamente empenhado na situação secular, [situação que é a] da maioria dos homens".[52] Sendo assim, também não tem sentido separar a ação do leigo na Igreja e no mundo: a missão de testemunha do leigo deve ser vista – repetimos – mais sob o aspecto do sujeito que do objeto e da finalidade, sem prejudicar minimamente a realidade temporal como o

---

[52] Ibid., p. 226.

lugar privilegiado da ação do leigo, simplesmente porque o mundano é o lugar da sua vida concreta. Na base desta visão, está, na verdade, a unidade do plano de Deus, que inclui a criação e a salvação, e a Igreja está a serviço da totalidade deste plano.

f) Edward Schillebeeckx

A concepção de Schillebeeckx, antes do Concílio, se assemelha à de Philips. À pergunta se o ser no mundo faz parte da definição *teológica* do estado leigo cristão, sua resposta era positiva e unívoca; nos anos posteriores ao Concílio, entretanto, ele precisará, no contexto de uma reflexão extremamente articulada, seu pensamento, incluindo a valência eclesiológica daquele estado. "O leigo na Igreja é um cristão, um membro do povo eclesial, do Reino de Deus sobre a terra, pelo qual também ele tem uma responsabilidade pessoal", que é, porém, diferente da hierarquia: "A Igreja é uma comunidade apostólica missionária, mas a sua missão tem uma forma sacerdotal e uma forma leiga; cada uma delas é uma manifestação do único apostolado da Igreja".[53]

g) O magistério de Pio XII

No período anterior ao Concílio, em matéria de leigos, leigas e laicato, o magistério – sobretudo Pio XII – foi muito ativo e fecundo. Pio XI foi chamado o "Papa da Ação Católica", e com razão; coube, todavia, a Pio XII transformá-la em instrumento eficaz de intervenção no mundo político, sobretudo na Itália. A Ação Católica era vista como colaboração com o apostolado da hierarquia,

---
[53] SCHILLEBEECKX, E. *La missione della Chiesa*. Roma: Edizioni Paoline, 1971. p. 125.

o que a tornava fortemente dependente desta. Diante desta situação, alguns – como o professor Giuseppe Lazzati, reitor da Universidade do Sacro Cuore, em Milão – propunham uma distinção entre Ação Católica e ação política, a primeira propriamente apostólica, a segunda mais propriamente política (desculpem a tautologia) e civil.

No encerramento do I Congresso Internacional do Apostolado dos Leigos (Roma, 1951), Pio XII se posicionou dizendo que a Ação Católica não podia alienar-se da política, deixando entender que ação política e apostolado religioso se compenetravam e, portanto, não era legítimo reivindicar autonomia por parte dos leigos, embora pudesse variar o grau de dependência deles, em relação à hierarquia.

Na sua visão, o laicato não era um puro instrumento nas mãos da hierarquia, mas, na sua modalidade de Ação Católica, supria a escassez de clero e, por conseguinte, a ligação com a hierarquia era a mais estreita possível.

A posição de Pio XII era coerente com a visão de Igreja da sua encíclica *Mystici corporis* (1943), segundo a qual todos os fiéis, sem exceção, são membros, devendo, portanto, participar, segundo a possibilidade de cada um e respeitando a ordem hierárquica querida por Cristo, da missão da Igreja.

A submissão, contudo, dos graus inferiores aos graus superiores não significa passividade, nem a autoridade dos graus superiores sobre os inferiores, desconhecimento e desrespeito dos direitos desses.[54]

A missão da Igreja na sociedade é a de restaurar, promover e dilatar o Reino de Deus, cabendo particular e

---

[54] Cf. PIO XII, Discorso al II Congresso Mondiale per l'Apostolato dei Laici, cit.

especificamente aos leigos "trabalhar para que o espírito cristão penetre em toda a vida familiar, social, econômica e política", de modo que a Igreja se torne o princípio vital da sociedade humana.

Pio XII fala de *consecratio mundi*: o mundo ou o humano, a exemplo da encarnação do Verbo, deve ser assumido no âmbito do divino. Esta tarefa, porém, não devia ser reservada à Ação Católica: todos os leigos e leigas, pertencentes a uma pluralidade de associações ou individualmente, são chamados a realizar de forma responsável o apostolado. A Ação Católica não detinha, neste sentido, o monopólio da ação; aliás, esta expressão não devia designar uma simples associação, mas o conjunto dos movimentos leigos organizados e reconhecidos como tais. A *consecratio mundi*, ademais, não implica o desconhecimento e o desrespeito da autonomia do temporal; *consecratio mundi* não é sacralização do mundo. O pano de fundo teológico, com efeito, que inspira Pio XII é a estreita unidade entre o plano da criação e o plano da redenção; esta unidade leva a considerar que o "natural" encontra o seu cumprimento no "sobrenatural"; ainda que o "natural" tenha em si mesmo um valor, pois vem de Deus, o "sobrenatural" é sua plena e superior realização. A consequência lógica é que a Igreja (ao menos a hierarquia), enquanto intérprete da lei natural, deve intervir indicando as diretrizes que devem ser assumidas na vida social e política e, portanto, os leigos não são completamente autônomos. A visão teológica de fundo e sua eclesiologia do corpo místico levam Pio XII coerentemente a visualizar e sustentar autoritativamente uma conexão descendente entre hierarquia e leigos, cabendo a esses a função de "dobradiça" entre a Igreja e a sociedade, em vista da salvação desta última.

III
Qual a finalidade do decreto sobre os leigos?

Decreto? Isso mesmo. O Vaticano II classificou seus documentos em três categorias: Constituições, Decretos e Declarações. Constituições são os documentos fundamentais: Constituição dogmática sobre a Igreja (*Lumen gentium*), Constituição sobre a divina revelação (*Dei Verbum*), Constituição sobre a Sagrada Liturgia (*Sacrosanctum Concilium*) e Constituição pastoral sobre a Igreja no mundo de hoje (*Gaudium et spes*). Vêm, depois, os Decretos, que são documentos mais operativos e práticos, e as Declarações, que afirmam grandes princípios (sobre a liberdade religiosa, sobre as religiões não cristãs e sobre a educação). *Apostolicam actuositatem* é um Decreto.

A finalidade do *Apostolicam actuositatem* está explicitada no proêmio: "O sagrado Concílio, querendo *tornar mais intensa a atividade apostólica do Povo de Deus*, dirige-se solicitamente aos fiéis leigos, cujas funções, próprias e inteiramente necessárias na missão da Igreja, já recordou noutros lugares" (AA 1,1). Vejam bem: intensificar a atividade apostólica do Povo de Deus, do qual os leigos e leigas são de longe o segmento maior!

O texto fundamenta esta afirmação em dois pontos. O primeiro é a responsabilidade "própria e inteiramente necessária" dos leigos e leigas na missão de todo o Povo de Deus. O segundo é a situação em que se encontra a humanidade nesta época de mudanças extensas, profundas e radicais: "*Os nossos tempos* exigem não menor zelo dos leigos; pelo contrário, as circunstâncias atuais reclamam, da parte destes, um apostolado mais fecundo e absolutamente mais vasto" (AA 1,2).

João XXIII manifestara, desde o início de seu pontificado, mais especificamente na constituição apostólica *Humani salutis* – o documento por meio do qual convoca o Concílio –, a consciência desta nova situação e a responsabilidade da Igreja em contribuir para a construção de um mundo fraterno: "A Igreja assiste, hoje, à grave crise da sociedade. Enquanto para a humanidade *desponta uma era nova*, obrigações de uma gravidade e amplitude imensas pesam sobre a Igreja, como nas épocas mais trágicas da sua história" (HS 3). O Papa do Concílio vislumbra, porém, "não poucos indícios que dão sólida esperança de tempos melhores para a Igreja e a humanidade" (HS 6) e sente o dever de "conclamar os nossos filhos *para dar à Igreja a possibilidade de contribuir mais eficazmente na solução dos problemas da idade moderna*" (ibid.).

Apostolicam actuositatem não é o único documento conciliar que fala da responsabilidade "própria e inteiramente necessária" dos "cristãos leigos" na missão da Igreja, que deve acontecer neste mundo novo que está despontando.

Podemos lembrar os seguintes: *Lumen gentium* (sobre a Igreja), nn. 30.33-36; *Sacrosanctum Concilium* (sobre a liturgia), nn. 26-40; *Unitatis redintegratio* (sobre o ecumenismo), nn. 5-12; *Christus dominus* (sobre o ministério dos bispos), nn. 16-18; *Gravissimum educationis* (sobre a educação), nn. 3, 5, 7; *Inter mirifica* (sobre os meios de comunicação), nn. 13-22. De todos – sob o ponto de vista estritamente teológico –, o mais importante sobre o estatuto dos leigos e leigas na Igreja é a *Lumen gentium*, particularmente o capítulo IV.

Não se está dizendo que a *Lumen gentium* seja o documento mais importante do Concílio. Estudiosos de peso dizem que é a *Sacrosanctum Concilium*, não por ter sido aprovada primeiro, mas porque o Concílio foi uma grande celebração, e a assembleia reunida para ouvir a Palavra e se nutrir do Pão é a mais importante realização da Igreja.

Outros afirmam que é a *Dei Verbum*, uma vez que a revelação de Deus – sua autocomunicação à humanidade na história – é o fundamento de tudo, sendo a Igreja a comunidade que a acolhe com fé, a vive com amor e a testemunha na esperança, e não só: a Igreja está debaixo dela e a seu serviço! Há quem considera a *Gaudium et spes*, que, ao lado da *Lumen gentium*, é o outro grande pulmão da reflexão conciliar sobre a Igreja, pois contempla a sua missão – em todas as suas dimensões – neste mundo que, ao mesmo tempo, desafia, assusta e fascina, do qual a Igreja é parte (ainda que obviamente distinta e diferenciada por sua natureza e missão) e com o qual ela partilha "as alegrias e as esperanças, as tristezas e as angústias" (GS 1), sobretudo dos pequenos, dos pobres e dos excluídos.

A *Lumen Gentium* – sem diminuir em nada as outras Constituições, todas importantíssimas para o conjunto do Concílio! – é, porém, como a espinha dorsal dos textos debatidos e aprovados pelo Concílio. De alguma maneira, vários documentos conciliares estão intimamente ligados a ela, como ramos que brotam de seu tronco. Vejamos:

Cristãos não católicos (LG 15) – *Unitatis redintegratio*
Não cristãos (LG 16) – *Nostra aetate*
Índole missionária da Igreja (LG 17) – *Ad gentes*
Bispos (LG III) – *Christus dominus*
Presbíteros (LG III) – *Presbyterorum ordinis* e *Optatam totius*
Leigos (LG IV) – *Apostolicam actuositatem*
Religiosos (LG VI) – *Perfectae caritatis*

IV
A novidade de uma ideia antiga: "Povo de Deus"

O debate sobre a Igreja trouxe à tona uma ideia antiga – difusamente presente no Antigo e no Novo Testamento – que acabara ficando na sombra durante séculos. A ideia de "Povo de Deus". A partir da década de 1940, graças à renovação dos estudos bíblicos e das pesquisas eclesiológicas, esta ideia foi ganhando corpo e crescente aceitação, e, graças a isso, pôde ocupar um lugar de destaque na apresentação que o Concílio faz da Igreja, sobretudo na *Lumen gentium*. É a verdadeira "novidade" da eclesiologia conciliar. Chave de leitura de primeira grandeza para interpretá-la!

"Povo de Deus" é o título do segundo capítulo da *Lumen gentium*. Vem depois da apresentação da Igreja como "mistério" (primeiro capítulo) e antes das várias categorias de fiéis na Igreja: os ministros ordenados (terceiro capítulo), os leigos (quarto capítulo) e os religiosos (sexto capítulo). Esta geografia expressa uma precisa teologia. Em dois sentidos. Primeiro: a Igreja "Povo de Deus" é a tradução visível, dinâmica, histórica e social da Igreja "mistério". Como se fossem os dois lados de uma mesma moeda. Segundo: só se pode falar adequadamente dos ministros ordenados, dos leigos e dos religiosos depois de falar sobre o Povo de Deus e dentro do Povo de Deus.

Quando se ouve a expressão "Povo de Deus", pode-se pensar – não obstante os mais de quarenta anos de encerramento do Concílio – algumas coisas que convém redimensionar.

1) Alguns pensam que se trata de todos os povos da terra ou de todos os homens e mulheres que formam a humanidade. Não é bem assim. O Povo de Deus tem uma história própria, antiga, que começa com Abraão, pai de uma grande nação, o povo dos hebreus, do qual nasceu Jesus, que, pelo conjunto de sua existência e missão, sobretudo por sua morte, ressurreição e pelo dom do Espírito Santo, deu origem a esta comunidade singular que chamamos de Igreja e que, aos poucos, se considerou, primeiro, verdadeiro Povo de Deus e, depois, novo Povo de Deus. Não significa que a Igreja seja mais importante e esteja acima da humanidade. De jeito nenhum. É, como Israel, o menor povo da terra (cf. Dt 7,6-8), que não entende por que Deus foi escolher bem a ele, mas que tem uma missão especial na humanidade e para a humanidade. É aquela "lei" da história da salvação que recebe o nome de "parte pelo todo" e "parte para o todo". Claro que "em qualquer época e em qualquer povo é aceito por Deus todo aquele que O teme e pratica a justiça (cf. At 10,35)". "Deus, contudo, achou por bem" – diz a *Lumen gentium* – "santificar e salvar os homens não singularmente, sem nenhuma conexão uns com os outros, mas constituí-los num povo [...]. Escolheu por isso Israel" (LG 9). Um povo "entre" os povos? Não. Um povo "nos" povos. A modo de sal, luz, fermento.

2) Outra maneira de pensar que também não é adequada é achar que a expressão Povo de Deus signifique os leigos e as leigas. Não. Não é isso. "Povo de Deus" indica a Igreja na totalidade dos seus membros: leigos e leigas,

ministros ordenados, religiosos e religiosas. Povo de Deus são todos, não uma parte.

Qual é a questão de fundo? Qual a novidade que a ideia de Povo de Deus traz para a compreensão da Igreja? Em quê a noção de Povo de Deus coloca numa nova perspectiva os leigos e as leigas? Que impacto teve sobre a *Apostolicam actuositatem*?

Quando se diz que somos Povo de Deus, estamos dizendo várias coisas. Vejamos algumas delas, as mais importantes para a compreensão do decreto sobre os leigos.

a) A Igreja "em sua totalidade". Não só no sentido em que a Igreja não se reduz à hierarquia, mas no sentido de colocar em primeiro plano a condição cristã comum a todos os membros da Igreja. Esta condição cristã é dada pela fé e pelos sacramentos de iniciação, pelos quais somos incorporados, ao mesmo tempo, a Cristo e à Igreja. A condição cristã é anterior a todas as diferenças de carisma, serviço, ministério, função, posição, estado de vida. A dignidade inerente à condição cristã comum a todos supera qualquer outra "dignidade" que alguém possa ostentar a qualquer título. A *Lumen gentium* exprime isso com muita propriedade em seu número 32, justamente quando se refere à "dignidade dos leigos enquanto membros do Povo de Deus": "Um é, pois, o povo eleito de Deus: 'um só Senhor, uma só fé, um só batismo' (Ef 4,5). *Comum* a dignidade dos membros pela regeneração em Cristo. *Comum* a graça dos filhos. *Comum* a vocação à perfeição. Uma só a salvação, uma só a esperança e indivisa a caridade. Não há, pois, em Cristo, nenhuma desigualdade em vista de raça ou nação, condição social ou sexo, porquanto 'não há judeu ou grego, não há servo ou livre, não há homem ou mulher, porque todos vós sois um em Cristo Jesus' (Gl 3,28; cf. Cl 3,11)".

b) Igualdade na diferença. Consequência deste princípio é que as diferenças não só não atentam contra a condição comum, mas a põem em evidência. O carisma da vida consagrada se enxerta na vocação universal à santidade: "Se, pois, na Igreja, nem todos seguem o mesmo caminho, todos, no entanto, são chamados à santidade e receberam a mesma fé pela justiça de Deus (cf. 2Pd 1,1)". Segundo a *Lumen gentium*, a diferença entre ministros e leigos não é sinônimo de desigualdade: "E, ainda que alguns, por vontade de Cristo, sejam constituídos mestres, dispensadores dos mistérios e pastores em benefício dos demais, reina, contudo, entre todos verdadeira igualdade quanto à dignidade e ação comum a todos os fiéis na edificação do Corpo de Cristo. Porquanto a distinção que o Senhor estabeleceu entre ministros sacros e o restante do Povo de Deus traz em si verdadeira união, pois que os pastores e os demais fiéis estão intimamente relacionados entre si" (LG 32). *Apostolicam actuositatem* compartilha esta visão: "Há, na Igreja, diversidade de ministério, mas unidade de missão" (AA 2).

c) Diferença na unidade. "Na variedade" – de carismas, serviços, ministérios, funções, vocações – "todos dão testemunho da admirável unidade existente no corpo de Cristo. Pois a própria diversidade das graças, ministérios e trabalhos unifica os filhos de Deus, porque 'tudo isso opera um e mesmo Espírito' (1Cor 12,11)" (LG 32). E, na conclusão dessas considerações, o Concílio cita Santo Agostinho: "Atemoriza-me o que sou para vós; consola-me o que sou convosco. Pois para vós sou bispo, convosco sou cristão. Aquilo é um dever, isto uma graça. O primeiro é um perigo, o segundo salvação" (*Sermão 340,1*). Estas colocações parecem pouca coisa, mas mudaram tão profundamente a compreensão que a eclesiologia anterior tinha da Igreja que sua introdução, na *Lumen gentium*, foi comparada à superação – no campo da astronomia – do sistema geocêntrico pelo sistema heliocêntrico. Uma "revolução copernicana"!

d) Diferença não é divisão nem separação. A eclesiologia anterior insistia tanto na diferença que parecia que, entre a hierarquia e o laicato, não houvesse nada em comum. Gregório XVI é enfático: "Ninguém pode ignorar que a Igreja é uma sociedade desigual na qual Deus destinou alguns para comandar, os outros para obedecer. Estes são os leigos, aqueles os clérigos"![1] A eclesiologia do Vaticano II, entretanto – sem negar nem mortificar a diferença –, insiste na igualdade fundamental entre todos os membros da Igreja e na dignidade cristã, comum a todos.

---

[1] Cf. GRILLMEIER, A. *Theologie und Philosophie* 45. Freiburg: Herder, 1970. p. 344, nota 55.

V
O difícil parto do conceito conciliar de "leigo"

O que é o leigo? Quem é o leigo? Qual o seu lugar na Igreja? Qual a sua missão? Estas perguntas, colocadas antes do Concílio, repropõem-se no Concílio, ou seja, no interior de uma instituição, formada por bispos, que delibera e toma decisões com o Papa e sob sua direção, exercendo, segundo a doutrina católica, o poder supremo da Igreja.

Não foi fácil responder às perguntas do parágrafo acima. Os leigos vinham ganhando importância e visibilidade na Igreja desde, sobretudo, o século XIX; a Igreja crescentemente foi valorizando e apoiando os leigos e seu apostolado, mas os leigos, os pastores e os teólogos não tinham a mesma maneira de explicar "o que é" e "quem é" o leigo e qual é precisamente a sua missão. (Quem não acompanha de perto a reflexão teológica pode pensar que hoje, finalmente, todos pensem igual a respeito, mas é bom saber que não pensam. Há várias tendências, e isto é normal e sadio na teologia.)[1]

Um testemunho de que as posições eram muito diferentes é que, sobre este ponto, tanto na *Lumen gentium*

---

[1] Cf. CANOBBIO, G. *Laici o cristiani*; elementi storico-sistematici per una descrizione del cristiano laico. Brescia: Morcelliana, 1992. pp. 243ss; "Laici dopo il Vaticano II", em: *Il Regno Documenti* 1.7.2011 – n. 13 (1104), pp. 419-427).

quanto no *Apostolicam actuositatem* – que, em certa medida, caminhava junto e era também puxado pela *Lumen gentium* – foram feitas pelo menos três "definições" diferentes de leigo... e nenhuma satisfez os Padres conciliares. E, quando se chegou a um consenso, entenderam que não se trata de uma definição do leigo (como a famosa "homem é um animal racional" de Aristóteles), mas uma "descrição tipológica" (por "leigos" *se entende aqui* (!) "todos cristãos"... "exceto"... "a seu modo"... "sua parte"... e por aí vai).

A descrição, porém, que, finalmente, a *Lumen gentium* traz, e que o *Apostolicam actuositatem* supõe e, a seu modo, reproduz, é uma bela e boa apresentação do leigo e da sua missão.

Vamos transcrevê-la: "Pelo nome de leigos aqui são compreendidos todos os cristãos, exceto os membros da ordem sacra e do estado religioso aprovado na Igreja. Estes fiéis pelo batismo foram incorporados a Cristo, constituídos no Povo de Deus e a seu modo feitos partícipes do múnus sacerdotal, profético e real de Cristo, pelo que exercem sua parte na missão de todo o povo cristão na Igreja e no mundo. A índole secular caracteriza especialmente os leigos" (LG 31; cf. AA 2).

"Os leigos são, antes de tudo, 'cristãos'... Aqueles que [creem em Cristo], regenerados pela Palavra, pela água e pelo Espírito, são transformados em 'cristãos'. Graças ao Espírito, eles pertencem a Cristo, o ungido por excelência, tornam-se filhos de Deus e irmãos entre si, na Igreja [...]. Esta é a condição cristã comum a todos os batizados. Esta é a novidade cristã, que define sua identidade [dos batizados, dos cristãos] e os diferencia dialeticamente do mundo [...]. O leigo é, portanto, antes de tudo, a cristã ou o cristão típico. Esta sua identidade, porém, é a condição cristã 'comum' a todos os batizados".[2]

A segunda coisa, que deriva e depende da anterior, é que eles são "Igreja". Igreja não é originariamente o lugar em que os cristãos e as cristãs se reúnem. Isto parece uma coisa óbvia, mas, para muita gente, ainda não é. Mesmo em cursos de teologia – não só esses chamados "para leigos", mas mesmo os de institutos e faculdades – essa ideia está tão arraigada que custa fazer os alunos e as alunas darem o passo do "lugar" para a "assembleia", a "comunidade", o "povo", que está verdadeiramente presente "em todas as legítimas comunidades locais de fiéis, que, unidas com seus pastores, são também elas, no Novo Testamento, chamadas 'igrejas'" (LG 26) Os ministros ordenados não são a Igreja, mas são Igreja, são Povo de Deus; os leigos e leigas não são a Igreja, mas são Igreja. Aliás, é bom lembrar que a palavra "leigo" (em grego, *laikós*) vem genericamente de *laós*, palavra grega que quer dizer "povo".

A terceira coisa é que, incorporados a Cristo e à Igreja, os leigos participam da missão profética, sacerdotal e régia de Cristo e da Igreja, Povo de Deus, corpo de Cristo, templo e construção do Espírito. Vamos desenvolver essa participação dos leigos e das leigas na tríplice função mais adiante, quando falarmos da missão dos leigos e das leigas. Poderíamos falar disso aqui também, mas vai ficar mais fácil se tratarmos depois.

Surge, então, a questão da diferença, na estrutura social da Igreja, entre os leigos e os demais fiéis. O que distingue os leigos e as leigas dos outros fiéis (inclusive no que diz respeito aos três múnus acenados há pouco), uma

---
[2] CNBB, *Missão e ministérios dos cristãos leigos e leigas*, 96.

vez que os bispos, os presbíteros, os diáconos, os religiosos e as religiosas também são cristãos? É o fato de que os leigos e as leigas não fazem parte da hierarquia (formada por bispos, presbíteros e diáconos) nem da vida consagrada. (Apesar de a vida consagrada ser formada também por leigos e leigas. Aliás, no início, a vida consagrada – que surgiu com os monges – era formada principalmente, para não dizer exclusivamente, por leigos.) É uma definição "negativa", mas não há como fugir dela. Este aspecto é testemunhado já nos primeiros escritos cristãos que se referem aos leigos: Clemente de Alexandria, Tertuliano, os Escritos pseudo-clementinos.

Finalmente, diz o Concílio, "a índole secular caracteriza especialmente os leigos". Ao pé da letra: "A índole secular é própria e peculiar ao leigo". O que quer dizer "índole secular"? O Concílio explica: "É específico dos leigos, por sua própria vocação, procurar o Reino de Deus exercendo funções temporais e ordenando-as segundo Deus. Vivem no século, isto é, em todos e em cada um dos ofícios e trabalhos do mundo. Vivem nas condições ordinárias da vida familiar e social, pelas quais sua existência é como que tecida. Lá são chamados por Deus para que, exercendo seu próprio ofício guiados pelo espírito evangélico, a modo de fermento, de dentro, contribuam para a santificação do mundo. E assim manifestam Cristo aos outros, especialmente pelo testemunho de sua vida resplandecente em fé, esperança e caridade. A eles, portanto, cabe de maneira especial iluminar e ordenar de tal modo as coisas temporais, às quais estão intimamente unidos, que elas continuamente se façam e cresçam segundo Cristo, para louvor e glória do Criador" (LG 31). Um texto forte, denso, bonito!

Depois do Concílio, e em virtude da eclesiologia do Concílio, fala-se de uma tríplice laicidade, ou seja, de três maneiras diferentes de estar no mundo, de ser marcado pelo mundo e de atuar pela transformação do mundo. Laicidade "do mundo": o mundo é autônomo em relação à Igreja, tem sua própria finalidade, estrutura, leis. Laicidade *da Igreja*: a Igreja faz parte do mundo, está no mundo, é profundamente marcada por ele, nele vive e nele é chamada a realizar sua missão. Laicidade *do leigo*, cidadão pleno do mundo e da Igreja. Um leigo teólogo – o já citado professor Lazzati – diz que a índole secular, na Igreja, é de todos (leigos, ministros ordenados e religiosos), mas é "plena" nos leigos e nas leigas!

VI
A missão dos leigos e das leigas na Igreja e no mundo

Hoje, nós poderíamos dizer lapidarmente: a missão dos leigos é a mesma missão da Igreja e a missão da Igreja é dar testemunho da missão de Cristo. *Apostolicam actuositatem*, pelo contexto eclesial, pastoral e teológico da época, não estava em condições de afirmar isso com tanta clareza e tranquilidade. Mesmo assim, dá alguns passos interessantes.

O mais importante é dizer que há *uma* missão "da Igreja" e que os leigos – como, aliás, todos os fiéis – "participam" nesta missão! É o primeiro subtítulo do capítulo I: participação dos leigos na missão da Igreja. Neste ponto, há um enorme ganho teórico.

Este ganho, porém, é, ao mesmo tempo, limitado por um conceito ambíguo, que é o de "apostolado". Nas décadas anteriores ao Concílio, adquirira um enorme prestígio e era amplamente usado; hoje em dia, foi desbancado por conceitos como o de "evangelização" ou "missão". Além disso – e este é o problema mais sério –, a palavra "apostolado" lembra "apóstolo", que, por sua vez, sobretudo no uso católico, lembra tradição apostólica, sucessão apostólica, os bispos como sucessores dos apóstolos. Não se dizia, porém, que os bispos "fazem apostolado", mas se dizia "apostolado laical", que os leigos são "apóstolos", por exemplo, que "os apóstolos dos operários são os próprios operários", e assim por diante. O mais problemático é que não se conseguia pensar a atuação do leigo na Igreja e no mundo senão como "participação no apostolado da hierarquia". A "Ação Católica" – que começa a dar seus primeiros passos na segunda metade avançada do século XIX e se torna a ação mais vistosa de ação do laicato e a mais vigorosamente apoiada sobretudo por Pio XI e Pio XII – era, neste contexto, a forma ideal de apostolado laical.

Constatam-se, entretanto, do ponto de vista teológico, também inegáveis avanços no decreto conciliar sobre os leigos. Vamos assinalar alguns.

1. A radicação sacramental do apostolado

A responsabilidade do leigo se baseia no batismo: "O dever e o direito do apostolado dos leigos deriva da união destes com Cristo cabeça. Com efeito, inseridos no corpo místico de Cristo pelo batismo e robustecidos pela virtude do Espírito Santo na confirmação, os leigos são deputados pelo próprio Senhor para o apostolado" (AA 3,1). Ou então: "O apostolado dos leigos é participação na própria missão salvífica da Igreja. A este apostolado todos são destinados pelo próprio Senhor através do batismo e da confirmação. Os sacramentos, principalmente a Sagrada Eucaristia, comunicam e alimentam aquele amor para com Deus e para com os homens, que é a alma de todo o apostolado" (LG 33,2). Fundada nos sacramentos – sobretudo da iniciação –, a participação dos leigos na missão da Igreja deriva do próprio Cristo e não de um mandado da hierarquia; o apostolado é um direito e um dever, não uma concessão ou um privilégio. O apostolado dos leigos "dimana da sua própria vocação cristã" (AA 1,1).

2. A abrangência do apostolado

"A Igreja nasceu para que, dilatando o Reino de Cristo por toda a terra para glória de Deus Pai, torne os homens participantes da redenção salvadora e por meio deles todo o mundo seja efetivamente ordenado para Cristo. Toda a atividade do corpo místico orientada para este fim chama-se apostolado, que a Igreja exerce, por meio de todos os seus membros, de maneiras diversas; com efeito, a vocação cristã, por sua natureza, é também vocação ao apostolado" (AA 2,1). Por isso, o apostolado não se limita a este ou àquele campo, mas abrange toda a realidade, dá-se tanto na Igreja quanto no mundo, e assume as mais diversas formas: o testemunho de vida, as boas obras, o anúncio explícito, a restauração e ordenação das realidades temporais, a família, os jovens, o ambiente social, a ordem nacional e internacional, a catequese, a participação na liturgia, o discernimento das sementes do Evangelho e dos sinais dos tempos (cf. AA 2,2).

3. A participação no tríplice múnus

"Os leigos [...], tornados participantes do múnus sacerdotal, profético e real de Cristo, realizam na Igreja e no mundo a parte que lhes cabe na missão de todo o Povo de Deus" (AA 2,2). Como se sabe, o Vaticano II recorreu sistematicamente ao esquema "profecia", "sacerdócio" e "realeza" para descrever inúmeras realidades, sobretudo no seu aspecto dinâmico: Cristo, a Igreja, os fiéis na Igreja, os ministros ordenados, os leigos. A apresentação da missão dos leigos não foge a este esquema, como veremos a seguir.

VII
Os múnus profético, sacerdotal e régio dos leigos

O que são, porém, os múnus sacerdotal, profético e régio de Cristo de que a Igreja toda e cada um dos seus membros participam?

1) O "múnus profético" de Cristo – do qual todos os cristãos e cristãs participam – diz respeito à "difusão de seu testemunho vivo, sobretudo através de uma vida de fé e caridade, e pelo oferecimento a Deus do sacrifício de louvor" (LG 12). Uma expressão importantíssima dessa participação é o chamado sentido sobrenatural da fé (*sensus fidei*) de todo o Povo de Deus (*sensus fidelium*). Pertencem, pois, ao múnus profético particularmente as várias modalidades de relação entre a comunidade dos fiéis e a Palavra de Deus.

2) A participação no sacerdócio de Cristo – "múnus sacerdotal" – faz da Igreja toda um povo sacerdotal. Em primeiro lugar, no sentido em que a vida cristã – isto é, o seguimento de Jesus, a vivência da fé, da esperança e da caridade – é o culto que prestamos a Deus (cf. Rm 12,1; 1Pd 2,5-11). Em segundo lugar, mas não menos importante, porque todos são aptos a participarem de forma consciente e ativa dos sacramentos, especialmente do sacramento da Eucaristia, memorial e presença, sacrifício e

ceia da vida entregue de Jesus ao Pai e aos irmãos, a qual culminou em sua morte e ressurreição.

3) O "múnus real" diz respeito às relações de vida e de missão que a Igreja tem com o Reino de Deus, que foi – há praticamente um consenso hoje sobre isso – o centro da missão de Jesus. Discorrer sobre o reinado (Reino) de Deus exigiria um livro. Contentemo-nos com uma citação da *Redemptoris missio*, que faz uma apresentação sintética do Reino de Deus: "O reino diz respeito a todos: às pessoas, à sociedade, ao mundo inteiro; trabalhar pelo Reino significa reconhecer e favorecer o dinamismo divino que está presente na história humana e a transforma; construir o Reino quer dizer trabalhar para a libertação do mal, sob todas as formas; em resumo, o Reino de Deus é a manifestação e a atuação de seu desígnio de salvação, em toda a plenitude" (RM 14).

4) *Toda a Igreja*, todas as categorias de pessoas que formam a comunidade eclesial, cada cristão e cristã individualmente ou em grupo e como conjunto participam dessas três dimensões da missão. Os leigos e as leigas, entretanto, o fazem dentro das condições normais de sua inserção no mundo e segundo as várias lógicas de sua condição "plenamente" secular. *Apostolicam actuositatem* clarifica e concretiza melhor o que isso quer dizer ao discorrer sobre a "A espiritualidade dos leigos em ordem ao apostolado" (AA 4) e dos "fins a atingir" (AA 5-8).

5) *Qual a especificidade do exercício do tríplice múnus por parte dos leigos e leigas*? *Apostolicam actuositatem* responde, explicitando o que é comum a todos e o que é próprio e peculiar aos leigos: "Os leigos [...], participantes do múnus sacerdotal, profético e real de Cristo, realizam na Igreja e no mundo a parte que lhes cabe na missão de

todo o Povo de Deus. Efetivamente, exercem a sua atividade apostólica para a evangelização e santificação dos homens e para animarem e aperfeiçoarem com o espírito evangélico a ordem das coisas temporais, de tal modo que a sua ação neste campo dê claro testemunho de Cristo e sirva para a salvação dos homens. Uma vez que é próprio do estado dos leigos *viverem no meio do mundo e dos negócios seculares*, eles próprios são chamados por Deus a exercerem aí o seu apostolado, à maneira de fermento, com entusiasmo e espírito cristão" (AA 2,2).

6) *Carismas para a edificação da Igreja e a missão no mundo.* Assim como todos os demais fiéis, os leigos recebem do Espírito Santo dons particulares (cf. 1Cor 12,7), de modo que "cada qual, segundo a graça que recebeu, também a ponha a serviço de outrem" (1Pd 4,10), em vista da edificação da Igreja e da missão desta no mundo. O decreto sobre os leigos faz, nesta altura (no segundo parágrafo do número 3), uma referência quase literal a *Lumen gentium* 12, que aborda o tema dos carismas. Temos aqui uma novidade. Não se fala só da "condição comum" e da "índole secular"; fala-se também dos "carismas". Depois do Concílio, seguindo o "novo" Congar, muitos vão dizer que a Igreja, mais do que simplesmente formada por leigos e ministros ordenados, é uma comunidade enriquecida por serviços e ministérios vários a serviço do Reino de Deus. Passa-se, então – explicam –, do binômio "hierarquia-laicato" para o binômio "comunidade-carismas e ministérios!"[1]

---

[1] Cf. CONGAR, Y. *Ministeri e comunione ecclesiale*. Bologna: EDB, 1973. pp. 9-28; FORTE, B. *La chiesa icona della Trinità*. Brescia: Queriniana, 1984. pp. 28-43.

VIII
Questões mais específicas

1. Campos de apostolado

"Os leigos exercem o seu multíplice apostolado tanto na Igreja como no mundo" (AA 9). O Concílio chama a atenção para alguns dos "campos de apostolado" que se abrem diante dos cristãos leigos: as comunidades da Igreja, a família, os jovens, o ambiente social, a esfera nacional e internacional. Disso trata o capítulo III do nosso decreto (nn. 9-14).

2. Modalidades de apostolado

Ao falar das "várias formas de apostolado" (capítulo IV), *Apostolicam actuositatem* aborda a modalidade individual e a modalidade comunitária ou associativa. E neste contexto se menciona a "Ação Católica": "Há vários decênios, em muitas nações, os leigos dedicando-se cada vez mais ao apostolado, uniram-se em várias formas de ação e de associação as quais, conservando uma união mais íntima com a hierarquia, têm almejado e continuam a almejar fins propriamente apostólicos. Entre estas ou semelhantes instituições mais antigas, devem principalmente lembrar-se as que, embora seguindo diversos modos de agir, trouxeram ao Reino de Cristo frutos muito abundantes e, merecidamente recomendadas e promovidas pelos Sumos Pontífices e por muitos bispos, receberam deles o nome de

Ação Católica e muitíssimas vezes têm sido qualificadas como cooperação dos leigos no apostolado hierárquico" (AA 20). O Concílio está pensando concretamente na JOC (Juventude Operária Católica, criada, na Bélgica, por Cardijn), na JEC (Juventude Estudantil Católica, especializada no apostolado junto à juventude), na JUC (Juventude Universitária Católica) etc.

3. As relações entre hierarquia e laicato

O Concílio não deixa de insistir sobre a "ordem a observar no apostolado" (capítulo V) dos leigos e leigas. O seu apostolado precisa estar inserido no apostolado de toda a Igreja. As maneiras de relação com a hierarquia podem variar, mas não pode faltar a comunhão. Nenhuma iniciativa pode ter o nome de católica sem o consentimento da legítima autoridade. Algumas podem ser objeto de um reconhecimento explícito ou de uma responsabilidade especial por parte da hierarquia, mediante um ato da hierarquia chamado de "mandato". Isto é: a hierarquia encarrega os leigos de uma determinada atividade na Igreja ou no mundo; os leigos, assim, participam do apostolado hierárquico!

O texto é claro... talvez até demais. Os bispos estão, na realidade, muito condicionados pela experiência e pelo enquadramento da Ação Católica e não conseguem entrever possibilidades mais abertas e ousadas de apostolado. O problema de fundo é que ainda não se consegue encarar até as últimas consequências a missão como efetiva responsabilidade de todos; que os ministros ordenados a realizam de um modo e os leigos de outro, estes baseados nos sacramentos de iniciação (somente), aqueles, no sacramento da ordem; que, também na missão, deve haver "unidade no essencial, liberdade no secundário e caridade em tudo"; que a Igreja é uma comunhão e não um exército organizado (*acies ordinata*, dizia-se então). O capítulo V pede, por outro lado, que os presbíteros diocesanos e religiosos apoiem e fortaleçam as "formas especiais" do apostolado leigo e que, para sua comunhão e coordenação, criem-se conselhos diocesanos e paroquiais (AA 23-27).

4. A formação necessária: múltipla, integral e específica

Assunto do último capítulo é a "formação para o apostolado". Os princípios colocados por *Apostolicam actuositatem* continuam atuais. Alguns deles, aliás, estão à frente do que muitas vezes se faz em matéria de formação de leigos e leigas hoje. Prestemos atenção!

"Sua formação apostólica recebe uma nota especial da mesma índole secular e própria do laicado e da sua espiritualidade" (AA 29,1). Muita formação de leigo hoje em dia não é senão o conteúdo miniaturizado da formação intelectual dos presbíteros, não é verdade?

"A formação para o apostolado supõe uma formação humana integral, adaptada à capacidade e condições de cada um" (AA 29,2). O leigo tem que conhecer "o mundo do seu tempo". Hoje em dia, certos grupos, movimentos e comunidades vivem, rezam e atuam como se o mundo não existisse e não devesse ser transformado também pela presença consciente, coerente e corajosa dos cristãos! Estou equivocado?

Pode parecer exagerado, mas o decreto fala de "sólida preparação doutrinal, nomeadamente teológica, ética, filosófica, segundo a diversidade de idade, condição e talento" (AA 29,4). Lembro-me de um assessor nacional que propunha até conhecimentos de latim, grego e hebraico! Por ter uma inteligência acima da média, devia achar isso café pequeno diante da imensidão e complexidade dos desafios que a missão nos coloca, sobretudo nos dias de hoje.

Ouçam agora: "Visto que a formação para o apostolado não pode consistir só na instrução teórica, aprendam gradual e prudentemente, logo desde o início da sua formação, a ver, julgar e agir, tudo à luz da fé, a formarem-se e a aperfeiçoarem-se a si mesmos com os outros pela ação e, assim, a entrar no serviço ativo da Igreja" (AA 29,6). A intuição teológica e pastoral e pedagógica que sustenta o método ver-julgar-agir é uma ferramenta que deu frutos de altíssima qualidade e não deveria jamais ser abandonada ou relegada a segundo plano.

Pensam que, com isso, os bispos disseram tudo sobre a formação dos leigos? Absolutamente não. Mencionaram, além disso, de maneira especial, a "doutrina social da Igreja" (AA 31,b), "nosso grande segredo", como dizia ironicamente um autor norte-americano,[2] e a preparação para o diálogo com os não cristãos e os cristãos de outras denominações (AA 31,a).

---

[2] Cf. HENRIOT, P. J.; DEBERRI, E. P.; SCHUTHEIS, M. J. *Nosso grande segredo*; ensino social da igreja herança e compromisso. Petrópolis: Vozes, 1993.

IX
Apostolicam actuositatem ainda é atual?

Em princípio, sim. Lembro-me das palavras do Cardeal Martini: "O Concílio está sempre à nossa frente". As perspectivas abertas pelo Vaticano II são tão amplas e ousadas que não só não se tornaram vida da Igreja mas, em grande medida, não são nem sequer conhecidas. Uma perguntinha: Você já leu algum documento do Concílio? Conhece alguém que já leu todos?

O Concílio, entretanto, não foi só um ponto de chegada; foi, sobretudo, um ponto de partida. A própria concepção que o Vaticano II tem de si impulsiona a Igreja a uma leitura permanente e sempre nova dos "sinais dos tempos" (cf. *Gaudium et spes* 4) e das respostas que a Igreja – e, nela, no caso que nos ocupa, os leigos e leigas – é chamada a dar aos apelos de Deus que nos vêm da história, do mundo, especialmente dos pobres, dos pequenos, dos insignificantes, dos diferentes, dos excluídos (cf. Ex 3,7ss.): "O aspecto do céu, sabeis interpretar, mas os sinais dos tempos, não sois capazes" (Mt 16,3).

Depois do Concílio, entre nós, aqui na América Latina, vieram – só para ficar no âmbito do magistério – Medellín, Puebla, Santo Domingo e, em 2007, Aparecida. A Igreja vai construindo seu rosto latino-americano e sua forma própria de ver, viver e realizar a missão de Cristo em nossas sociedades, sistemas, culturas. O Concílio, na verdade, foi construído, sobretudo, pelos representantes de alguns países europeus (França, Bélgica, Holanda, Alemanha, Áustria). Foi um dom de Deus à Igreja toda que devemos acolher em ação de graças sempre de novo. É chegada a hora, porém – que já estamos vivendo e temos que vivê-la com sempre maior responsabilidade, liberdade e criatividade –, de, em comunhão com todas as Igrejas, conformar uma Igreja africana, asiática, eslava, latino-americana, caribenha, norte-americana. E outras! A diferença não atenta contra a unidade, mas a enriquece. A uniformidade, sim, esta atenta contra a diferença e... a própria unidade!

Vivemos, ouve-se isso por toda parte, a "era dos leigos". Depois da era dos mártires (I-IV século), dos monges (IV-IX século), do clero (X-XX século), entramos na "era dos leigos". Os leigos estão na linha de frente da ciência, da técnica, da economia, da política, dos fenômenos culturais. É natural – e sobrenatural também, pois Deus age na história como a história é – que os leigos e as leigas assumam todo o seu compromisso com a missão. O desafio é enorme, há entraves de toda ordem – dentro da Igreja e nesta nova época que está aí –, mas é preciso ter a clarividência e a coragem de fazer, nas grandes crises históricas, escolhas ousadas e abrir caminhos. Nisto, João XXIII foi mestre.

Apostolicam actuositatem poderia ter sido mais ousado? Muitos condicionamentos não o permitiram. A ousadia ficou mais por conta da *Dei Verbum, Sacrosanctum Concilium, Gaudium et spes, Lumen gentium, Dignitatis humanae.*

Vou lhe dar uma dica, irmão leitor ou irmã leitora: *comece a leitura pelo fim do documento.* Tem gente que começa a leitura da Bíblia pelo livro do Gênesis e, logo, logo, vai entregando os pontos. Tem coisa que não entende. Outras não despertam nenhum interesse. Não se vê utilidade num monte de coisas. Deveria ter começado a leitura da Bíblia pelos evangelhos, mas esqueceram de dizer-lhe isso. Pois bem. Siga o meu conselho: comece a leitura de *Apostolicam actuositatem* pelo fim. O Proêmio tem o seu valor, mas soa técnico, denso demais, frio. Ah! A Exortação final é outra coisa. É um apelo vigoroso e apaixonado. Um grito que vem do próprio Senhor, do seu Espírito. Não vou nem resumi-lo nem transcrevê-lo aqui. Vamos lá, meu irmão. Puxe o outro pelo coração, minha irmã. Salte para a última página do Decreto. Isso. Aí está. Pegue e leia. Exortação final.

Texto e comentário
Decreto Apostolicam actuositatem sobre o Apostolado dos Leigos *

Paulo bispo servo dos servos de Deus com os padres do Sagrado Concílio para a perpétua memória

---

* Era de prever que a temática do laicado também fosse tratada pelo Concílio. A Comissão preparatória do apostolado dos leigos, depois de examinar todas as sugestões enviadas a Roma – 31 "proposições" sobre o apostolado laical em geral, 127 sobre as Associações dos fiéis em geral e sobre a Ação Católica em particular, e 6 sobre as Associações internacionais –, estabeleceu os seguintes pontos para o seu trabalho: 1. O apostolado dos leigos: noção, fins, dependência da hierarquia, adaptação às necessidades atuais; 2. A Ação Católica: noção, dependência da hierarquia, adaptação às necessidades atuais, relação com outras Associações, 3. As Associações: como torná-las mais eficientes, sua ação caritativa e social. Depois de ano e meio de trabalho, apareceu um esquema, dividido em 4 partes, com 42 capítulos. Por unanimidade reconheceu-se a necessidade de reduzir o texto. Em junho de 1963 estava pronto o novo esquema, em 48 páginas, que foi enviado aos Padres. A matéria era repartida em duas partes: sobre o apostolado dos leigos em geral e sobre o apostolado dos leigos *in specie*. Com as observações recebidas, a matéria foi completamente refundida, dando outro esquema, enviado aos Padres em fins de maio de 1964: as páginas passaram de 48 a 16, e os parágrafos de 92 a 21. A matéria era desenvolvida em 5 pontos: vocação apostólica do laicado, diversos ambientes em que esta vocação deve ser atuada, fins do apostolado laical, formas associativas, ordem a seguir. Nos princípios de outubro de 1964, o esquema foi apresentado e discutido na aula conciliar, tendo sido 144 as intervenções escritas ou orais. Mais uma vez o esquema foi retocado, para ser enviado de novo aos Padres em junho de 1965. A estrutura era mais ou menos a mesma, mas os parágrafos passaram a 33. No princípio da quarta sessão conciliar, procedeu-se à votação por partes e por capítulos; as emendas ou modos propostos foram cerca de 700. Finalmente, a votação geral teve o seguinte resultado: 2.201 *placet*; 2 *non placet*; 5 nulos. No dia 18 de novembro, durante a 8ª sessão pública, depois da última votação – 2.342 votantes; 2.340 *placet*; 2 *non placet* –, o Santo Padre Paulo VI promulgou solenemente o decreto.

O texto contém seis capítulos, onde se entrelaçam princípios bíblico-teológicos e questões prático-pastorais, prevalecendo os primeiros nos primeiros capítulos e os segundos, nos últimos.

Proêmio

1. O sagrado Concílio, querendo tornar mais intensa a atividade apostólica do Povo de Deus,[1] dirige-se solicitamente aos fiéis leigos, cujas funções, próprias e inteiramente necessárias na missão da Igreja, já recordou noutros lugares.[2] Com efeito, o apostolado dos leigos, uma vez que dimana da sua própria vocação cristã, jamais pode deixar de existir na Igreja. A própria Sagrada Escritura demonstra

---

[1] Cf. João XXIII, Const. Apost. Humanae Salutis, 25 de dez. 1961: AAS 54 (1962), 7-10.

[2] Cf. Const. Dogm. De Ecclesia, nn. 33ss: AAS 57 (1965), 39s; cf. também a Const. De Sacra Liturgia nn. 26-40: AAS 56 (1964), 107-111; cf. Decreto De instrumentis communicationis socialis: AAS 56 (1964), 145-153; cf. Decreto De Ecumenismo, AAS 57 (1965), 90-107; cf. Decreto De pastorali Episcoporum munere in Ecclesia, nn. 16, 17, 18; cf. Declaração De educatione christiana, nn. 3, 5, 7; cf. Decreto De activitate missionali Ecclesiae, nn. 15, 21, 41; cf. Decreto De ministerio et vita Presbyterorum, n. 9; cf. Const. past. De Ecclesia in mundo huius temporis, nn. 43, 91, 92, 93.

O *Proêmio* (introdução) estabelece as coordenadas a partir das quais se deve realizar a leitura atual dos textos. São duas: o apostolado dos leigos, que brota e se funda na vocação cristã, não pode faltar na Igreja; nas circunstâncias atuais, devido à complexidade da situação e à autonomia alcançada por numerosos setores da vida, os leigos são a presença privilegiada da Igreja no mundo. Há, de fato, situações que estão abertas só a eles; em setores decisivos da vida humana, como o ético, seu apostolado é urgente; onde a escassez de ministros ordenados ou as restrições ao seu ministério se fazem presentes, "a Igreja dificilmente poderia estar presente e ativa sem o concurso dos leigos" (AA, 1,2).

abundantemente quão espontânea e fecunda foi tal atividade nos primórdios da Igreja (cf. At 11,19-21; 18,26; Rm 16,1-16; Fl 4,3).

Ora os nossos tempos exigem não menor zelo dos leigos; pelo contrário, as circunstâncias atuais reclamam da parte destes, um apostolado mais fecundo e absolutamente mais vasto. De fato, o aumento crescente da população, o progresso das ciências e da técnica, as relações mais estreitas entre os homens não só dilataram imensamente os campos do apostolado dos leigos, em grande parte só a eles acessíveis, como suscitaram novos problemas que requerem a sua inteligente solicitude e o seu esforço. E tanto mais urgente se torna tal apostolado quanto a autonomia de muitos setores da vida humana cresceu muito, como é natural, por vezes com algum desvio da ordem ética e religiosa e grave risco para a vida cristã. Além disto, em muitas regiões, em que os sacerdotes são muito poucos ou, como por vezes acontece, estão privados da necessária liberdade de ministério, a Igreja dificilmente poderia estar presente e ativa sem o concurso dos leigos.

Sinal desta multíplice e urgente necessidade é a ação evidente do Espírito Santo, que hoje torna os leigos cada vez mais conscientes das suas próprias responsabilidades e os incita ao serviço de Cristo e da Igreja, em toda parte.[3]

Neste Decreto pretende o Concílio esclarecer a natureza, a índole e a variedade do apostolado dos leigos, bem como enunciar os princípios fundamentais e dar instruções pastorais para o seu mais eficaz exercício. Todas estas coisas se tenham em conta de normas, na revisão do Direito Canônico, no referente ao apostolado dos leigos.

---

[3] Cf. Pio XII, Aloc. aos Cardeais, 18 fev. 1946: AAS 38 (1946), 101-102; id., Discurso aos jovens operários católicos, 25 ag. 1957: AAS 49 (1957), 843.

Capítulo I
Vocação dos leigos ao apostolado

A participação dos leigos na missão da Igreja

2. A Igreja nasceu para que, dilatando o Reino de Cristo por toda a terra para glória de Deus Pai, torne os homens participantes[1] da redenção salvadora e por meio deles todo o mundo seja efetivamente ordenado para Cristo. Toda a atividade do corpo místico orientada para este fim chama-se apostolado, que a Igreja exerce, por meio de todos os seus membros, de maneiras diversas; com efeito, a vocação cristã, por sua natureza, é também vocação ao apostolado. Assim como na estrutura do corpo vivo

---

[1] Cf. Pio XI, Encíclica Rerum Ecclesiae: AAS 18 (1926), p. 65.

O *capítulo I* ("Vocação dos leigos ao apostolado") mostra que toda vocação cristã é, por sua própria natureza, vocação ao apostolado, entendido como toda atividade da Igreja voltada para a propagação do reino de Deus sobre a terra, para fazer a todos participantes da redenção salvadora e para ordenar o mundo para Cristo e em Cristo. O apostolado dos leigos é um dever e um direito em razão do batismo, da confirmação e da Eucaristia, mediante os quais os cristãos leigos são unidos ao Cristo cabeça e fortalecidos pelo Espírito Santo, tornando-se, assim, participantes das funções profética, sacerdotal e régia de Cristo.

nenhum membro se comporta de forma totalmente passiva, mas simultaneamente com a vida do corpo participa também da sua atividade, assim no corpo de Cristo, que é a Igreja, o corpo todo, "com a operação harmoniosa de cada uma de suas partes, realiza o seu crescimento" (Ef 4,16). Mais ainda, neste corpo é tal a conexão e coesão dos membros (cf. Ef 4,16), que aquele membro que não coopere para o aumento do corpo, segundo a sua medida, deve dizer-se que não aproveita à Igreja nem a si próprio.

Há na Igreja diversidade de ministério, mas unidade de missão. Cristo conferiu aos apóstolos e aos seus sucessores o múnus de ensinar, de santificar e de governar em seu nome e com o seu poder. Mas os leigos, tornados participantes do múnus sacerdotal, profético e real de Cristo, realizam na Igreja e no mundo a parte que lhes cabe na missão de todo o Povo de Deus.[2] Efetivamente, exercem a sua atividade apostólica para a evangelização e santificação dos homens e para animarem e aperfeiçoarem com o espírito evangélico a ordem das coisas temporais, de tal modo que a sua ação neste campo dê claro testemunho de Cristo e sirva para a salvação dos homens. Uma vez que é próprio do estado dos leigos viverem no meio do mundo e dos negócios seculares, eles próprios são chamados por Deus a exercerem aí o seu apostolado, à maneira de fermento, com entusiasmo e espírito cristão.

Fundamentos do apostolado dos leigos

3. O dever e o direito do apostolado dos leigos deriva da união destes com Cristo cabeça. Com efeito, inseridos no corpo místico de Cristo pelo batismo e robustecidos

---
[2] Cf. Conc. Vat. II, Const. Dogm. De Ecclesia, n. 31: AAS 57 (1965), p. 37.

pela virtude do Espírito Santo na confirmação, os leigos são depurados pelo próprio Senhor para o apostolado. São consagrados como sacerdócio real e povo santo (cf. 1Pd 2,4-10), a fim de oferecerem, por meio de todas as obras, hóstias espirituais, e darem testemunho de Cristo em toda parte. Além disso, pelos sacramentos, sobretudo pela Santíssima Eucaristia, é comunicada e alimentada aquela caridade que é como que a alma de todo o apostolado.[3]

O apostolado é exercido na fé, na esperança e na caridade que o Espírito Santo difunde nos corações de todos os membros da Igreja. Mais ainda, pelo preceito da caridade, que é o maior mandamento do Senhor, todos os fiéis são compelidos a procurar a glória de Deus pelo advento do seu Reino e a vida eterna para todos os homens, para que conheçam o único Deus verdadeiro e aquele que ele enviou, Jesus Cristo (cf. Jo 17,3).

Impõe-se, portanto, a todos os fiéis o sublime encargo de trabalharem para que a mensagem divina da salvação seja conhecida e aceita por todos os homens, em toda a terra.

Para o exercício deste apostolado, o Espírito Santo, que opera a santificação do Povo de Deus pelo ministério e pelos sacramentos, reparte aos fiéis também dons particulares (cf. 1Cor 12,7), "distribuindo-os a cada um conforme lhe apraz" (1Cor 12,11), a fim de que cada um, assim como recebeu a graça, pondo-a ao serviço dos outros, sejam também eles os "bons dispensadores da multiforme graça de Deus" (1Pd 4,10), para edificação de todo o Corpo na caridade (cf. Ef 4,16). Da recepção destes carismas, ainda que os mais simples, nasce para cada um

---
[3] Cf. ibid., n. 33, p. 39; cf. também n. 10, ibid., p. 14.

dos fiéis o direito e o dever de, para bem dos homens e edificação da Igreja, os exercerem nesta e no mundo, na liberdade do Espírito Santo, "que sopra onde quer" (Jo 3,8), e simultaneamente em comunhão com os irmãos em Cristo, sobretudo com os seus pastores, a quem pertence julgar da natureza genuína e do ordenado exercício deles, não certamente para extinguir o Espírito, mas para provar tudo e reter o que é bom (cf. 1Ts 5,12.19.21).[4]

A espiritualidade dos leigos em ordem ao apostolado

4. Sendo Cristo, enviado pelo Pai, a fonte e origem de todo o apostolado da Igreja, é evidente que a fecundidade do apostolado dos leigos depende da sua união vital com Cristo, como diz o Senhor: "Aquele que permanece em mim e eu nele produz muito fruto; porque, sem mim, nada podeis fazer" (Jo 15,5). Esta vida de íntima união com Cristo é alimentada na Igreja por auxílios espirituais que são comuns a todos os fiéis, sobretudo pela ativa participação na Sagrada Liturgia,[5] de que se devem servir os leigos de maneira que, enquanto cumprem adequadamente no mundo os seus deveres, nas condições ordinárias da vida, não separem a união com Cristo da sua própria vida, mas cresçam intensamente nela exercendo o seu trabalho segundo a vontade de Deus. Desta forma é necessário que os leigos, com prontidão e alegria de espírito, progridam na santidade, esforçando-se por superar as dificuldades, com prudência e paciência.[6] Nem os cuidados familiares nem os

---

[4] Cf. ibid., n. 12: AAS 57 (1965), p. 16.
[5] Cf. Conc. Vat. II, Const. De Sacra Liturgia, cap. I, n. 11: AAS 56 (1964), pp. 102-103.
[6] Cf. Conc. Vat. II, Const. Dogm. De Ecclesia, n. 32: AAS 57 (1965), 38; cf. ainda n. 40-41: ibid., pp. 45-47.

outros negócios seculares devem ser estranhos à orientação espiritual da vida, segundo a palavra do Apóstolo: "Tudo o que fizerdes de palavra ou ação, fazei-o em nome do Senhor Jesus, por ele dando graças a Deus Pai" (Cl 3,17).

Tal vida exige contínuo exercício da fé, da esperança e da caridade. Só pela luz da fé e meditação da palavra de Deus é possível, sempre e em toda parte, reconhecer Deus no qual "vivemos, nos movemos e somos" (At 17,28), procurar a sua vontade em todo o acontecimento, ver Cristo em todos os homens, quer próximos, quer afastados, ter um conceito exato do verdadeiro significado e do valor das coisas temporais, em si mesmas e em ordem ao fim do homem.

Os que possuem esta fé vivem na esperança da revelação dos filhos de Deus, lembrados da cruz e da ressurreição do Senhor.

Na peregrinação desta vida, escondidos com Cristo em Deus e livres da escravidão das riquezas, enquanto procuram aqueles bens que permanecem eternamente, com ânimo generoso dedicam-se totalmente à dilatação do reino de Deus e a enformar e a aperfeiçoar com o espírito cristão a ordem das realidades temporais. No meio das adversidades desta vida, encontram força na esperança, não esquecendo que "os sofrimentos do tempo presente não têm proporção com a glória que deverá revelar-se em nós" (Rm 8,18).

Movidos pela caridade que vem de Deus, praticam o bem para com todos, sobretudo para com os irmãos na fé (cf. Gl 6,10), rejeitando "toda maldade, toda mentira, todas as formas de hipocrisia e de inveja e toda maledicência" (1Pd 2,1), atraindo assim os homens a Cristo. Com efeito, a caridade de Deus que "foi difundida em nossos corações pelo Espírito Santo que nos foi dado" (Rm 5,5), torna os leigos capazes de exprimirem na sua vida, realmente, o espírito das bem-aventuranças. Seguindo a Jesus pobre, nem desanimam com a falta dos bens temporais, nem se ensoberbecem com a sua abundância; imitando Cristo humilde, não se tornam ávidos da vanglória (cf. Gl 5,26), mas procuram agradar mais a Deus do que aos homens, sempre dispostos a deixar tudo por causa de Cristo (cf. Lc 14,26) e a sofrer perseguição por causa da justiça (cf. Mt 5,10), lembrados da palavra do Senhor: "Se alguém quer vir após mim, negue-se a si mesmo, tome a sua cruz e siga-me" (cf. Mt 16,24). Cultivando entre si a amizade cristã, ajudam-se mutuamente em qualquer necessidade.

Esta espiritualidade dos leigos deve assumir uma característica peculiar do estado matrimonial e familiar, do celibato ou viuvez, da condição de enfermidade e da atividade profissional e social. Não deixem, pois, de cultivar assiduamente as qualidades e os dotes que, adequados a estas situações, lhes foram conferidos, e de pôr em exercício os dons próprios, recebidos do Espírito Santo.

Além disso, os leigos que, seguindo a sua vocação, se inscreveram em algumas das associações ou institutos aprovados pela Igreja, procurem fielmente revestir-se da característica da espiritualidade que lhes é própria.

Tenham também em grande consideração a competência profissional, o sentido familiar e cívico e aquelas virtudes que se referem às relações sociais, a saber, a probidade, o espírito de justiça, a sinceridade, a delicadeza, a força de ânimo, sem as quais não existe verdadeira vida cristã.

Modelo perfeito desta vida espiritual e apostólica é a bem-aventurada Virgem Maria, Rainha dos Apóstolos, a qual, vivendo na terra uma existência igual à de todos, cheia de trabalhos e preocupações familiares, estava sempre intimamente unida a seu Filho e cooperou, de forma singularíssima, na obra do Salvador; e agora, assunta ao céu, "cuida com materna caridade dos irmãos do seu Filho, ainda peregrinos e sujeitos a perigos e dificuldades, até que sejam conduzidos à pátria feliz".[7] Todos, devotissimamente, lhe prestem culto e encomendem a sua vida e apostolado à sua solicitude maternal.

---

[7] Cf. ibid., n. 62, p. 63; cf. também n. 65, ibid., pp. 64-65.

Capítulo II
Fins a atingir

Introdução

5. A obra da redenção de Cristo, enquanto por sua natureza tem como fim a salvação dos homens, compreende também a restauração de toda a ordem temporal. Por isso, a missão da Igreja não é apenas trazer aos homens a mensagem de Cristo e a sua graça, mas também permear e aperfeiçoar a ordem das coisas temporais com o espírito evangélico. Os leigos, portanto, cumprindo esta missão da Igreja, exercem o seu apostolado na Igreja e no mundo, na ordem espiritual e na ordem temporal: estas ordens, embora sejam distintas, estão de tal modo unidas num único

---

O *capítulo II* ("Fins a atingir") ensina que os leigos devem participar da missão da Igreja tanto na Igreja quanto no mundo, seja através do testemunho seja através do anúncio do Evangelho aos não crentes. Esforça-se por superar conceitos que, às vezes, eram entendidos como contrapostos ou alternativos (apostolado em sentido próprio e em sentido impróprio, apostolado direto e indireto). Em coerência com a afirmação da secularidade como própria e peculiar aos leigos, sublinha como obrigação destes a instauração da ordem temporal de tal modo que se respeitem integralmente suas leis próprias (a questão da autonomia) e se busque a sua conformidade com os princípios da vida cristã (a questão da submissão ao projeto de Deus).

plano de Deus, que ele próprio pretende reassumir, em Cristo, todo o mundo numa nova criatura, incoativamente na terra, em plenitude no último dia. E, em ambas as ordens, o leigo que é simultaneamente fiel e cidadão, deve sempre guiar-se por uma só consciência cristã.

Apostolado de evangelização e de santificação

6. A missão da Igreja tem em vista a salvação dos homens, que se deve conseguir pela fé em Cristo e a sua graça. Logo, o apostolado da Igreja, e de todos os seus membros, em primeiro lugar ordena-se a tornar patente ao mundo, por palavras e obras, a mensagem de Cristo e a comunicar a sua graça. Isto realiza-se principalmente pelo ministério da palavra e dos sacramentos, confiado ao clero de modo especial, no qual também os leigos têm o seu papel de grande importância a desempenhar, para ser "cooperadores [...] da verdade" (3Jo 8). Sobretudo neste domínio, o apostolado dos leigos e o ministério pastoral completam-se mutuamente.

Deparam-se aos leigos inúmeras ocasiões para exercerem o apostolado de evangelização e de santificação. O próprio testemunho de vida cristã e as boas obras feitas com espírito sobrenatural têm força para atrair os homens à fé e para Deus, pois diz o Senhor: "Brilhe do mesmo modo a vossa luz diante dos homens, para que vendo as vossas boas obras, eles glorifiquem o vosso Pai que está nos céus" (Mt 5,16).

Todavia, um tal apostolado não consiste apenas no testemunho de vida; o verdadeiro apóstolo procura as ocasiões de anunciar Cristo, pela palavra, quer aos não crentes para os conduzir à fé, quer aos fiéis para os instruir, confirmar e estimular a uma vida mais fervorosa;

com efeito, "o amor de Cristo impele-nos" (2Cor 5,14) e no coração de todos devem ressoar aquelas palavras do Apóstolo: "Ai de mim, se não evangelizar" (1Cor 9,16).[1]

Como, porém, nos nossos tempos surgem novos problemas e se propagam gravíssimos erros que procuram destruir radicalmente a religião, a ordem moral e a própria sociedade humana, este sagrado Concílio exorta cordialmente os leigos, conforme a capacidade intelectual de cada um e a sua formação, a que, segundo o pensamento da Igreja, colaborem mais diligentemente em explicitar, defender e aplicar devidamente os princípios cristãos aos problemas de nosso tempo.

Animação cristã da ordem temporal

7. Na verdade, o plano de Deus acerca do mundo é que os homens, em espírito de concórdia, instaurem e continuamente aperfeiçoem a ordem das realidades temporais.

Todas as realidades que constituem a ordem temporal, como sejam os bens da vida e da família, a cultura, a economia, as artes e profissões, as instituições da comunidade política, as relações internacionais e outras semelhantes, assim como a sua evolução e progresso, não são apenas auxílio para o fim último do homem, mas têm também um valor próprio que foi posto nelas por Deus, quer consideradas em si mesmas quer como parte de toda a ordem temporal. "E Deus viu tudo o que tinha feito: e era muito bom" (Gn 1,31). Esta sua bondade natural recebe uma dignidade especial da sua relação com a pessoa humana, para cujo serviço foram criadas. Finalmente, aprouve a Deus unificar em Cristo Jesus todas as coisas,

---

[1] Cf. Pio XI, Encíclica Ubi arcano, 23 dez. 1922: AAS 14 (1922), 659; Pio XII, Encíclica Summi Pontificatus, 20 out. 1939: AAS 31 (1939), pp. 442-443.

tanto naturais como sobrenaturais, "para que ele próprio tenha em tudo a primazia" (Cl 1,18). Esta finalidade não só não priva a ordem temporal da sua autonomia, dos seus fins próprios, das suas leis, dos seus próprios meios, da sua importância para o bem dos homens, mas antes a aperfeiçoa na sua força e valor próprio e simultaneamente a adéqua à vocação integral do homem sobre a terra.

No decurso da história, o uso das coisas temporais foi desvirtuado por graves vícios, porque os homens, atingidos pelo pecado original, caíram frequentemente em muitíssimos erros acerca do verdadeiro Deus, da natureza do homem e dos princípios da lei moral: daqui, os costumes e as instituições humanas corrompidos e, não raro, a própria pessoa humana esmagada. Também nos nossos dias, não poucos, confiando demasiado no progresso das ciências naturais e das técnicas, caem como que na idolatria das coisas temporais, tornando-se delas mais escravos do que senhores.

É dever da Igreja toda esforçar-se para que os homens se tornem capazes de estabelecer retamente a ordem temporal e de, por meio de Cristo, a ordenarem para Deus. Compete aos Pastores enunciar claramente os princípios acerca dos fins da criação e do uso do mundo e proporcionar auxílios morais e espirituais para que se instaure, em Cristo, a ordem temporal.

Cabe, porém, aos leigos assumir a instauração da ordem temporal como um dever próprio e nela, guiados pela luz do Evangelho e pela mente da Igreja impelidos pela caridade cristã, agir diretamente e de modo concreto; como cidadãos, cooperar com os outros cidadãos segundo a sua competência específica e sob a sua própria responsabilidade; e, em toda parte e em tudo, procurar a justiça do reino de Deus. E de tal modo se deve instaurar a ordem temporal que, observadas integralmente as suas leis próprias, ela se torne conforme aos princípios ulteriores da vida cristã e adaptada às várias condições de lugar, de tempo e de povos. Entre as atividades deste apostolado, sobressai a ação social dos cristãos que atualmente o sagrado Concílio deseja se estenda a todos os domínios do temporal, até ao da cultura.[2]

A ação caritativa

8. Enquanto todo o exercício do apostolado deve receber da caridade a origem e a força, algumas obras, que Cristo Senhor quis que fossem sinais da sua missão messiânica (cf. Mt 11,4-5), são por sua natureza aptas a converter-se na expressão viva dessa mesma caridade.

O maior mandamento da lei é amar a Deus de todo o coração e ao próximo como a si mesmo (cf. Mt 22,37-40). Cristo, porém, fez próprio e enriqueceu com novo significado este mandato da caridade para com o próximo, pois que ele mesmo quis identificar-se com os irmãos como objeto de caridade, dizendo: "Cada vez que o fizestes a um dos meus irmãos mais pequeninos, a mim o fizestes" (Mt 25,40). Com efeito, ele próprio, ao assumir a natureza humana, por certa solidariedade sobrenatural uniu a si como sua família todo o gênero humano e, por estas palavras, constituiu a caridade como sinal dos seus discípulos: "Nisto todos conhecerão que sois meus discípulos, se vos amardes uns aos outros" (Jo 13,35).

---

[2] Cf. Leão XIII, Encíclica Rerum Novarum: ASS 23 (1890-91), 647; Pio XI, Encíclica Quadragesimo anno: AAS 23 (1931), 190; Pio XII, Mensagem radiofônica. 1º jun. 1941: AAS 33 (1941), p. 207.

A santa Igreja, assim como nos seus primórdios, unindo o "ágape" à ceia eucarística, se manifestava toda unida em redor de Cristo pelo vínculo da caridade, assim em todo o tempo é conhecida por este sinal de amor e, enquanto se alegra com os empreendimentos dos outros, reivindica as obras de caridade como seu dever e direito inalienável. Por isso, a misericórdia para com os pobres e enfermos, assim como as obras chamadas de caridade e de auxílio mútuo para socorrer todas as necessidades humanas, são tidas pela Igreja em especial honra.[3]

Atualmente, com os meios de comunicação mais rápidos, de algum modo vencida a distância entre os homens e feitos membros como de uma só família os habitantes de todo o mundo, estas atividades e obras tornaram-se mais urgentes e universais. Hoje, a ação caritativa pode e deve abranger todos os homens sem exceção, assim como todas as necessidades. Onde quer que se encontrem necessitados de comida e de bebida, de vestuário e de habitação, de medicamentos, de trabalho, de instrução, dos indispensáveis meios para levarem uma vida verdadeiramente humana, onde quer que haja atormentados por tribulações e pela doença ou quem sofrer o exílio ou a prisão, aí mesmo a caridade cristã os deve procurar e encontrar, confortá-los com desvelado carinho e ajudá-los com os necessários recursos. Primariamente, esta obrigação impõe-se a cada um dos homens e povos que vivem na prosperidade.[4]

A fim de que este exercício da caridade esteja para além de toda a suspeita e como tal apareça, veja-se no próximo a imagem de Deus, segundo a qual foi criado, e a Cristo Senhor, a quem verdadeiramente se oferece o que

---

[3] Cf. João XXIII, Encíclica Mater et Magistra: AAS 53 (1961), p. 402.
[4] Ibid., pp. 440-441.

se dá ao necessitado, e respeitem-se, com a maior delicadeza, a liberdade e a dignidade da pessoa que recebe o auxílio; não se manche a pureza de intenção por qualquer proveito de utilidade própria ou pelo desejo de domínio;[5] primeiro satisfaçam-se as exigências da justiça e não se ofereça como dádivas de caridade o que já se deve por título de justiça; suprimam-se não só os efeitos mas as causas dos males; orientem-se os auxílios de tal modo que aqueles que os recebem se libertem, pouco a pouco, da dependência externa e se bastem a si próprios.

Por isso, tenham os leigos em grande conta e ajudem segundo as possibilidades as obras caritativas e iniciativas de assistência social, quer particulares quer públicas, também no campo internacional, pelas quais é levado auxílio eficaz a cada homem e a cada povo que se encontre em necessidade, cooperando em tudo isto com todos os homens de boa vontade.[6]

---

[5] Ibid., pp. 442-443.
[6] Cf. Pio XII, Alocução à "Pax Romana M.I.I.C"., 25 abr. 1957; AAS 49 (1957), 298-299; e sobretudo João XXIII, à Reunião do Conselho da "Food and Agricultural Organization" (F.A.O.), 10 nov. 1959: AAS 51 (1959), pp. 856-866.

Capítulo III
Os vários campos de apostolado

Introdução

9. Os leigos exercem o seu multíplice apostolado tanto na Igreja como no mundo. Numa e noutra destas ordens, se abrem vários campos de atuação apostólica. Queremos recordar aqui os principais. São os seguintes: as comunidades da Igreja, a família, os jovens, o ambiente social e a ordem nacional e internacional. Mas porque, nos nossos dias, as mulheres têm, cada vez mais, parte ativa em toda a vida da sociedade, é de grande importância uma participação mais ampla delas também nos vários campos do apostolado da Igreja.

As comunidades da Igreja

10. Como participantes do múnus de Cristo Sacerdote, Profeta e Rei, os leigos têm a sua parte ativa na

---

O *capítulo III* ("Os vários campos de apostolado") faz uma apresentação detalhada dos âmbitos em que os leigos são chamados a atuar. Vêm, primeiro, as comunidades da Igreja (diocese, paróquia; âmbitos interparoquial, interdiocesano, nacional e internacional); atenção especial é reservada à família e aos jovens; finalmente, o ambiente social, a esfera nacional e internacional. A estrutura diocesana, nacional e internacional da Ação Católica testemunhava em favor da viabilidade de horizontes tão ambiciosos.

vida e ação da Igreja. Dentro das comunidades da Igreja, a sua ação é tão necessária que sem ela o próprio apostolado dos Pastores não pode, a maioria das vezes, surtir o seu pleno efeito. Na realidade, os leigos de alma verdadeiramente apostólica, à semelhança daqueles homens e mulheres que ajudavam Paulo na difusão do Evangelho (cf. At 18,18.26; Rm 16,3), suprem o que falta aos seus irmãos e dão alento tanto aos Pastores como ao restante povo fiel (cf. 1Cor 16,17-18). Com efeito, alimentados pela participação ativa na vida litúrgica da sua comunidade, eles tomam solicitamente parte nas obras apostólicas dela; conduzem à Igreja os homens que porventura andem afastados; colaboram zelosamente na transmissão da palavra de Deus, sobretudo pelo ensino da catequese; oferecendo a sua perícia, tornam mais eficaz a cura de almas e ainda a administração dos bens da Igreja.

A paróquia, congregando na unidade todas as diversidades humanas que aí encontra e inserindo-as na universalidade da Igreja, oferece um exemplo claro de apostolado comunitário.[1] Habituem-se os leigos a trabalharem na paróquia, intimamente unidos aos seus sacerdotes;[2] a levarem para a comunidade da Igreja os problemas próprios e os do mundo e as questões relativas à salvação das almas, para serem examinados e resolvidos em conjunto; e a colaborarem segundo as suas forças, em todo o trabalho apostólico e missionário da própria família eclesial.

---

[1] Cf. S. Pio X, Carta Apost. Creationis duarum novarum parœciarum, 1º jun. 1905: ASS 38 (1905), 65-67; Pio XII, Aos paroquianos de S. Saba, 11 jan. 1953: Discorsi e Radiomessaggi di S. S. Pio XII, 14 (1952-1953), 449-454: João XXIII, Aloc. ao clero e aos fiéis da diocese suburbicária de Albano, 26 ag. 1962: AAS 54 (1962), pp. 656-660.

[2] Cf. Leão XIII, Aloc. 28 jan. 1894: Acta 14 (1894), pp. 424-425.

Cultivem constantemente o sentido da diocese, da qual a paróquia é como que uma célula, sempre prontos, a convite do seu Pastor, a juntarem também a sua colaboração às iniciativas diocesanas. Mais ainda: para corresponderem às exigências das cidades e das regiões rurais,[3] não circunscrevam a sua cooperação aos limites da sua paróquia ou diocese, mas empenhem-se em estendê-la ao campo interparoquial, interdiocesano, nacional e internacional, tanto mais que o aumento crescente da migração dos povos, o incremento das mútuas relações e a facilidade de comunicações já não permitem que parte alguma da sociedade permaneça fechada em si mesma. Sejam, portanto, solícitos pelas necessidades do Povo de Deus, disperso por todo o mundo: em primeiro lugar, façam suas as obras missionárias, prestando-lhes auxílio material e até pessoal. Com efeito, é obrigação e honra para os cristãos restituir a Deus parte dos bens que dele recebem.

A família

11. Uma vez que o Criador de todas as coisas constituiu a comunidade conjugal como princípio e fundamento da sociedade humana, e, pela sua graça, a tornou grande sacramento em Cristo e na Igreja (Ef 5,32), o apostolado dos cônjuges e das famílias tem importância singular, tanto para a Igreja como para a sociedade civil.

Os cônjuges cristãos são, um para o outro e para os seus filhos e demais familiares, cooperadores da graça e testemunhas da fé. Para os seus filhos, eles são os primeiros pregoeiros da fé e educadores; pela palavra e

---
[3] Cf. Pio XII, Aloc. aos párocos etc., 6 fev. 1951: Disc. e Radiom. 12 (1950-1951), 437-443; 8 mar. 1952: ibid., 14 (1952-1953), 5-10; 27 mar. 1953: ibid., 15 (1953-1954), 27-35; 28 fev. 1954: ibid., pp. 585-590.

pelo exemplo, formam-nos para a vida cristã e apostólica e ajudam-nos a escolher prudentemente a sua vocação e acalentam com todo o cuidado a vocação de consagração, neles porventura descoberta.

Foi sempre dever dos cônjuges, hoje, porém, constitui a parte principal do seu apostolado: manifestar e provar, pela sua vida, a indissolubilidade e santidade do vínculo matrimonial; afirmar intrepidamente o dever e o direito, conferido aos pais e aos tutores, de educar cristãmente a prole; defender a dignidade e a legítima autonomia da família. Cooperem, pois, eles e os outros fiéis, com os homens de boa vontade, para que na legislação civil estes direitos sejam salvaguardados; que no governo da sociedade se tenham em conta as necessidades das famílias, no que respeita à habitação, educação dos filhos, condições de trabalho, segurança social e contribuições; que, na ordenação das migrações, se ponha absolutamente em segurança o agregado familiar.[4]

A própria família recebeu de Deus esta missão, de ser a célula primeira e vital da sociedade. Cumprirá esta missão se, pela mútua piedade dos membros e pela oração em comum dirigida a Deus, se mostrar como que o santuário doméstico da Igreja; se a família toda se inserir no culto litúrgico da Igreja; se, finalmente, oferecer hospitalidade acolhedora, promover a justiça e outras boas obras em serviço de todos os irmãos constituídos em necessidade. Entre as várias atividades do apostolado familiar, podem

---
[4] Cf. Pio XI, Encíclica Casti Connubii: AAS 22 (1930), 554; Pio XII, Mensagem Radiofônica, 1º jan. 1941: AAS 33 (1941), 203; id., Aos Delegados ao Congresso da União Internacional das Associações para a proteção dos direitos da família, 20 set. 1949: AAS 41 (1949), 552: id., Aos Pais de família de França em peregrinação a Roma, 18 set. 1951: AAS 43 (1951), 731; id., Mensagem Radiofônica de Natal 1952: AAS 45 (1953), 41; João XXIII, Encíclica Mater et Magistra, 15 maio 1961: AAS 53 (1961) pp. 429, 439.

enumerar-se as seguintes: adotar como filhos crianças abandonadas, receber benignamente os peregrinos, cooperar na orientação das escolas, assistir aos adolescentes com conselhos e com meios econômicos, ajudar os noivos a prepararem-se melhor para o matrimônio, trabalhar na catequese, amparar os cônjuges e as famílias que estão em perigo material ou moral, prover os velhos não só com o necessário, mas ainda procurar-lhes os frutos equitativos do progresso econômico.

Sempre e em toda parte, mas de modo particular nas regiões em que se espalham as primeiras sementes do Evangelho ou onde a Igreja está ainda nos seus começos ou atravessa um perigo grave, as famílias cristãs, sendo coerentes na sua vida toda com o Evangelho e dando exemplo do matrimônio cristão, oferecem ao mundo um preciosíssimo testemunho de Cristo.[5]

Para poderem mais facilmente atingir os fins do seu apostolado, pode ser oportuno que as famílias se reúnam em associações.[6]

Os jovens

12. Os jovens exercem uma influência da máxima importância na sociedade atual.[7] As circunstâncias da sua vida, a sua mentalidade e as próprias relações com a família estão muito mudadas. Muitas vezes, passam com demasiada rapidez a uma nova condição social e econômica. Enquanto, porém, de dia para dia cresce a sua im-

---

[5] Cf. Pio XII, Enc. Evangelii Praecones, 2 jun. 1951: AAS 43 (1951), p. 514.

[6] Cf. Pio XII, Aos Delegados ao Congresso da União Internacional das Associações para a proteção dos direitos da família, 20 set. 1949: AAS 41 (1949), p. 552.

[7] Cf. S. Pio X, Aloc. à Associação Católica da Juventude Francesa: piedade, ciência, ação, 25 set. 1904: ASS 37 (1904-1905), 296-300.

portância social e também política, mostram-se como que impreparados para receberem com a devida aptidão novos encargos.

Esta sua influência crescente na sociedade exige deles atuação apostólica correspondente, para a qual a sua própria índole natural os dispõe. Com o amadurecimento da consciência da própria personalidade, impelidos pelo ardor da vida e por um dinamismo transbordante, assumem a responsabilidade própria, desejam tomar parte na vida social e cultural: deste zelo, se é imbuído pelo espírito de Cristo e animado pela obediência e amor aos Pastores da Igreja, podem esperar-se frutos abundantíssimos. Eles devem tornar-se os primeiros e os imediatos apóstolos dos jovens, exercendo o apostolado pessoal entre os seus próprios companheiros, tendo em conta o ambiente social onde vivem.[8]

Procurem os adultos estabelecer um diálogo amigável com os jovens que permita a ambas as partes, superada a distância da idade, conhecerem-se mutuamente e comunicarem, uma à outra, as riquezas próprias de cada uma.

Que os adultos estimulem a juventude ao apostolado, primeiro pelo exemplo e, oferecida a oportunidade, também por conselhos prudentes e auxílio válido. Por sua parte, os jovens cultivem a reverência e a confiança nos adultos; e, embora sejam naturalmente inclinados às inovações, tenham, todavia, no devido apreço as tradições louváveis.

Também as crianças têm uma atuação apostólica própria. Segundo as suas forças, elas são verdadeiras testemunhas vivas de Cristo entre os companheiros.

---

[8] Cf. Pio XII, Carta Dans quelques semaines, ao Arcebispo de Montreal: sobre os Congressos organizados pelos jovens operários cristãos do Canadá, 24 maio 1947: AAS 39 (1947), 257; Mensagem Radiofônica a J.O.C., Bruxelas, 3 set. 1950: AAS 42 (1950), pp. 640-641.

Ambiente social

13. O apostolado no meio social, isto é, o empenho de enformar de espírito cristão a mente e os costumes, as leis e as estruturas da comunidade em que se vive, é de tal maneira múnus e obrigação dos leigos que nunca pode ser devidamente realizado por outrem. Neste campo, podem os leigos exercer um apostolado de semelhante para semelhante. Aí completam o testemunho da vida pelo testemunho da palavra.[9] Aí, no ambiente do trabalho, ou da profissão, ou do estudo, ou da habitação, ou dos tempos livres, ou de convivência, eles estão em condições mais favoráveis para ajudar os irmãos.

Os leigos realizam esta missão da Igreja no mundo, antes de tudo, por aquela coerência da vida com a fé, pela qual se tornam luz do mundo; pela sua probidade em qualquer negócio, pela qual atraem todos ao amor da verdade e do bem e, por fim a Cristo e à Igreja; pela caridade fraterna com a qual, fazendo-se participantes das condições da vida, dos trabalhos, das dores e aspirações dos irmãos, dispõem o coração de todos, pouco a pouco, para a ação da graça salutar; por aquela plena consciência da parte que lhes cabe na edificação da sociedade, por imperativo da qual se esforçam por cumprir, com magnanimidade cristã, os seus deveres domésticos, sociais e profissionais. Assim, o seu modo de agir vai penetrando, pouco a pouco, no ambiente de vida e de trabalho.

Este apostolado deve abranger todos os que aí se encontram e não excluir nenhum bem espiritual ou temporal que se lhes possa fazer; mas os verdadeiros apóstolos, não

---
[9] Cf. Pio XI, Enc. Quadragesimo Anno, 15 maio 1931: AAS 23 (1931), pp. 225-226.

contentes só com esta ação, dispõem-se a anunciar Cristo ao próximo, mesmo por palavras. Com efeito, muitos homens não podem ouvir o Evangelho e conhecer Cristo, senão por intermédio dos leigos que os cercam.

Ordem nacional e internacional

14. Abre-se um campo imenso de apostolado na ordem nacional e internacional, onde os leigos, sobretudo, são ministros da sabedoria cristã. Na piedade para com a pátria e no fiel cumprimento dos deveres cívicos, os católicos sintam-se obrigados a promover o verdadeiro bem comum e, assim, façam valer o peso da sua opinião, para que o poder civil se exerça com justiça e as leis estejam de acordo com os preceitos morais e com o bem comum. Os católicos peritos nos negócios públicos e devidamente firmados na fé e na doutrina cristã não recusem exercer cargos públicos, uma vez que, por meio deles, exercidos devidamente, podem promover o bem comum e simultaneamente abrir o caminho ao Evangelho.

Procurem os católicos cooperar com todos os homens de boa vontade na promoção de tudo o que é verdadeiro, de tudo o que é justo, de tudo o que é santo, de tudo o que é amável (cf. Fl 4,8).

Travem diálogo com eles, indo até eles com prudência e delicadeza, e investiguem como aperfeiçoar as instituições sociais e públicas segundo o espírito do Evangelho.

Entre os sinais do nosso tempo, é digno de menção especial esse crescente e inelutável sentido de solidariedade de todos os povos. É dever do apostolado dos leigos promovê-lo solicitamente e convertê-lo em sincero e verdadeiro afeto fraterno. Além disso, os leigos devem tomar consciência do campo internacional e das questões e soluções, quer doutrinais quer práticas, que nele surgem, sobretudo quanto aos povos em via de desenvolvimento.[10]

Lembrem-se todos os que trabalham noutras nações ou lhes prestam auxílios de que as relações entre os povos devem ser um verdadeiro intercâmbio fraterno, em que cada um dá e recebe ao mesmo tempo. Os que se deslocam por causa de trabalhos internacionais, ou de negócios, ou de descanso, recordem-se de que são, em toda parte, também mensageiros itinerantes de Cristo e como tais se devem comportar em verdade.

---

[10] Cf. João XXIII, Enc. Mater et Magistra, 15 maio 1961: AAS 53 (1961), pp. 448-450.

Capítulo IV
Várias formas de apostolado

Introdução

15. Os leigos podem exercer a sua ação apostólica, quer individualmente, quer associados em várias comunidades ou associações.

Importância e multiplicidade do apostolado individual

16. O apostolado individual que promana exuberantemente da fonte de uma vida verdadeiramente cristã (cf. Jo 4,14) é o princípio e a condição de todo o apostolado dos leigos, mesmo do apostolado organizado, e nada pode substituí-lo.

O *capítulo IV* ("Várias formas de apostolado") aborda o tema do apostolado individual e do apostolado de grupo: "Os leigos podem exercer a sua ação apostólica, quer individualmente, quer associados em várias comunidades ou associações" (AA 15). O apostolado individual, que transborda de uma vida verdadeiramente cristã (cf. Jo 4,14), é visto como "o princípio e a condição de todo apostolado dos leigos, mesmo do apostolado organizado, e nada pode substituí-lo" (AA 16,1). Sua forma característica é o testemunho emanado da fé, esperança e caridade. O apostolado de grupo fundamenta-se na natureza social do ser humano e da Igreja, Povo de Deus e corpo de Cristo; nas atuais circunstâncias, em diversos ambientes, o apostolado exige "muitas vezes uma

A este apostolado, sempre e em toda parte profícuo, e até, em algumas circunstâncias, o único adaptado e possível, todos os leigos, qualquer que seja a sua condição, são chamados e a ele obrigados, ainda quando lhes falte a ocasião ou a possibilidade de cooperarem nas associações.

São muitas as formas de apostolado, por meio das quais os leigos edificam a Igreja, santificam o mundo e o animam em Cristo.

Uma forma peculiar do apostolado individual e o sinal mais acomodado também aos nossos tempos, que manifesta Cristo vivo nos seus fiéis é o testemunho de toda uma vida laical que dimana da fé, da esperança e da caridade. Porém, pelo apostolado da palavra, em certas circunstâncias absolutamente necessário, os leigos anunciam Cristo, esclarecem a sua doutrina, difundem-na

---

ação de conjunto" (AA 18,3). Considerando os desafios da atualidade, o texto insiste na necessidade de fortalecer a forma grupal de apostolado, o qual deve atingir "a mentalidade comum e as condições sociais daqueles a quem se dirige" (AA 18,4). A grande variedade de associações de apostolado deve-se, em princípio, à diversidade de fins por elas visados (AA 19).

Menção especial é reservada, também neste contexto, à Ação Católica. A Ação Católica, na variedade de seus grupos, atividades e métodos, é apresentada como uma forma especial de cooperação dos leigos no apostolado hierárquico e descrita em suas características essenciais: tem por objetivo imediato a finalidade apostólica da Igreja; os leigos são responsáveis na direção dessas associações, na apreciação do contexto em que se atua, na elaboração e execução do planejamento; ação conjunta "à semelhança de um corpo orgânico" (AA 20,c); atuação "sob a superior direção da própria hierarquia" (AA 20,d).

segundo a condição e a capacidade de cada um e professam-na fielmente.

Cooperando, além disso, como cidadãos deste mundo, em tudo o que diz respeito à edificação e gestão da ordem temporal, os leigos devem, na vida familiar, profissional, cultural e social, procurar, à luz da fé, as razões últimas do seu agir e manifestá-las aos outros oportunamente, conscientes de que se tornam assim cooperadores de Deus criador, redentor e santificador e de que lhe dão glória.

Finalmente, os leigos vivifiquem a sua vida com a caridade e, à medida do possível, exprimam-na pelas obras.

Tenham todos presente que podem atingir todos os homens e contribuir para a salvação do mundo inteiro, com o culto público e com a oração, com a penitência e com a generosa aceitação das fadigas e agruras da vida, pela qual se tornam conformes a Cristo sofredor (cf. 2Cor 4,10; Cl 1,24).

O apostolado individual em circunstâncias especiais

17. Este apostolado é de grande necessidade e urgência, naquelas regiões em que a liberdade da Igreja é gravemente impedida. Nestas dificílimas circunstâncias, os leigos fazendo, na medida em que são capazes, as vezes dos sacerdotes, pondo em perigo a sua própria liberdade e, por vezes, a vida, ensinam a doutrina cristã àqueles que estão à sua volta, formam-nos na prática religiosa e no modo católico de pensar e levam-nos a receber frequentemente os sacramentos e a alimentar a piedade principalmente eucarística.[1] O sagrado Concílio, dando do mais íntimo do coração graças a Deus, que também nos nossos tempos não deixa de suscitar leigos de fortaleza heroica

---
[1] Cf. Pio XII, Aloc. ao I Congresso Mundial do Apostolado dos Leigos, 15 out. 1951: AAS 43 (1951), 788.

no meio das perseguições, abraça-os com afeto paternal e reconhecimento.

O apostolado individual tem um especial campo de ação, nas regiões onde os católicos são poucos e dispersos. Nestas regiões, os leigos que exercem somente o apostolado individual, quer pelos motivos acima apontados quer por especiais razões provenientes até do próprio trabalho profissional, oportunamente se reúnam, para troca de impressões, em pequenos grupos sem nenhuma forma rígida de instituição ou organização, de modo que apareça sempre perante os outros como sinal da comunidade da Igreja e como verdadeiro testemunho de amor. Deste modo, pela amizade e troca de experiências, ajudando-se mutuamente no plano espiritual, robustecem-se para suportar os inconvenientes de uma vida e de uma atividade demasiado isoladas e para produzir mais abundantes frutos de apostolado.

Importância da forma associativa do apostolado

18. Os fiéis são chamados a exercer o apostolado individual nas diversas condições da sua vida; lembrem-se, porém, de que o homem é, por sua natureza, social e de que aprouve a Deus reunir todos os que creem em Cristo para fazer deles o Povo de Deus (cf. 1Pd 2,5-10) e um só corpo (cf. 1Cor 12,12). O apostolado organizado corresponde, portanto, de modo feliz às exigências humanas e cristãs dos fiéis e ao mesmo tempo apresenta-se como sinal da comunhão e da unidade da Igreja em Cristo que disse: "Onde estão dois ou três reunidos em meu nome, aí estou no meio deles" (Mt 18,20).

Por isso, os fiéis exerçam o seu apostolado, em espírito de unidade.[2] Sejam apóstolos tanto nas suas comu-

---

[2] Cf. Pio XII, ibid., 15 out. 1951: AAS 43 (1951) 787-788.

nidades familiares como nas suas paróquias e dioceses, pois estas exprimem a índole comunitária do apostolado, e sejam-no também nos grupos livres em que resolverem reunir-se.

O apostolado associado é de grande importância, até pelo fato de, nas comunidades da Igreja e nos diversos ambientes, o apostolado exigir muitas vezes uma ação de conjunto. Com efeito, as organizações criadas para uma atividade comum de apostolado amparam os seus membros e formam-nos para o labor apostólico, ordenam convenientemente e dirigem a sua ação apostólica, de modo a poder-se esperar dela frutos muito mais abundantes do que se cada um agisse separadamente.

Nas presentes circunstâncias, porém, é absolutamente necessário que se revigore nos meios de trabalho dos leigos a forma associada e organizada do apostolado, pois só a estreita conjugação de esforços é capaz de alcançar plenamente todos os fins do apostolado hodierno e também de lhe proteger eficazmente os bens.[3] Neste campo, interessa de modo especial que o apostolado atinja também a mentalidade comum e as condições sociais daqueles a quem se dirige; doutra maneira, eles serão, muitas vezes, incapazes de resistir à pressão, quer da opinião pública, quer das instituições.

Multiplicidade de formas do apostolado associado

19. Grande é a variedade de associações do apostolado;[4] umas propõem-se o fim geral apostólico da Igreja;

---

[3] Cf. Pio XII, Encíclica Le pélerinage de Lourdes, 2 de julho 1957: AAS 49 (1957), 615.
[4] Cf. Pio XII, Aloc. ao Conselho da Federação Internacional dos Homens Católicos 8 dez. 1956: AAS 49 (1957), 26-27.

outras, de modo especial, fins de evangelização e de santificação; outras prosseguem fins de animação cristã da ordem temporal; outras ainda dão testemunho de Cristo, especialmente pelas obras de misericórdia e de caridade.

Entre estas associações, hão de considerar-se em primeiro lugar as que favorecem e reforçam uma união mais íntima entre a vida prática dos membros e a sua fé. As associações não são fins em si mesmas, mas devem servir para realizar a missão da Igreja em relação ao mundo; o seu vigor apostólico depende da conformidade com os fins da Igreja, do testemunho cristão e do espírito evangélico de cada um dos membros e da associação toda.

O múnus universal da missão da Igreja, considerado ao mesmo tempo o progresso das instituições e a marcha dinâmica da sociedade hodierna, requer que as iniciativas apostólicas dos católicos aperfeiçoem sempre mais as instituições no campo internacional. As Organizações Internacionais Católicas conseguirão melhor o seu fim, se os grupos que delas são parte, e os seus membros, mais intimamente lhes estiverem unidos.

Salvaguardadas as necessárias relações com a autoridade eclesiástica,[5] os leigos têm o direito de fundar associações,[6] de as dirigir e de lhes dar um nome, uma vez fundadas. Contudo, deve evitar-se a dispersão de forças que se dá, quando são criadas novas associações e obras sem razão suficiente ou quando se conservam associações ou métodos obsoletos para além da sua existência útil; e nem sempre será oportuno transferir indiscriminadamente

---

[5] Cf. Infra capit. V. n. 24.
[6] Cf. A resolução do S. C. do Concílio, Corrienten., 13 nov. 1920: AAS 13 (1921) 139.

para uma nação as formas do apostolado organizado que vigoram noutras.[7]

Ação Católica

20. Há vários decênios, em muitas nações, os leigos, dedicando-se cada vez mais ao apostolado, uniram-se em várias formas de ação e de associação as quais, conservando uma união mais íntima com a hierarquia, têm almejado e continuam a almejar fins propriamente apostólicos. Entre estas ou semelhantes instituições mais antigas, devem principalmente lembrar-se as que, embora seguindo diversos modos de agir, trouxeram ao reino de Cristo frutos muito abundantes e, merecidamente recomendadas e promovidas pelos Sumos Pontífices e por muitos bispos, receberam deles o nome de Ação Católica e muitíssimas vezes têm sido qualificadas como cooperação dos leigos no apostolado hierárquico.[8]

Quer tenham o nome de Ação Católica, quer outro, estas formas de apostolado, que nos tempos atuais exercem um apostolado precioso, são constituídas pelo concurso das seguintes notas características tomadas em conjunto:

a) O fim imediato destas organizações é o fim apostólico da Igreja, isto é, ordenam-se à evangelização e santificação dos homens e à formação cristã da sua consciência, de modo que eles possam imbuir do espírito do Evangelho as várias comunidades e os diversos ambientes.

b) Os leigos, cooperando segundo o seu modo próprio com a hierarquia, contribuem com a sua experiência e assumem a sua responsabilidade no governo daquelas

---

[7] Cf. João XXIII, Encíclica Princeps Patorum, 10 dez. 1959: AAS 51 (1959), 856.
[8] Cf. Pio XI, Carta Quae nobis, ao Card. Bertram, 13 nov. 1928: AAS 20 (1928), 385. Cf. ainda Pio XII, Aloc. à A. C. Italiana, 4 set. 1940: AAS 32 (1940), 362.

associações, no ponderar as circunstâncias em que se deve exercer a atividade pastoral da Igreja e ainda na elaboração e execução dos planos de trabalhos.

c) Os leigos agem unidos à semelhança de um corpo orgânico, de tal maneira que mais aptamente se exprima a comunidade da Igreja e mais eficaz se torne o apostolado.

d) Os leigos, quer oferecendo-se espontaneamente, quer convidados à ação e à direta cooperação com o apostolado hierárquico, agem sob a superior direção da própria hierarquia, que pode, até por mandato explícito, sancionar esta cooperação.

As organizações em que, a juízo da hierarquia, se encontram simultaneamente juntas estas notas devem ser consideradas Ação Católica, embora assumam várias formas e nomes, segundo as exigências dos lugares e dos povos.

O sagrado Concílio recomenda encarecidamente estas instituições que, sem dúvida, correspondem às necessidades do apostolado da Igreja em muitas nações. Convida os sacerdotes e os leigos que nelas trabalham a que tornem cada vez mais efetivas as notas acima referidas e cooperem sempre fraternalmente na Igreja com todas as outras formas de apostolado.

Valor das associações

21. Todas as associações de apostolado devem ser apreciadas justamente; aquelas, porém, que a hierarquia, segundo as necessidades dos tempos e dos lugares, tiver louvado, recomendado ou tenha resolvido deverem ser instituídas como mais urgentes, devem ser tidas na máxima conta pelos sacerdotes, religiosos e leigos, e promovidas segundo a maneira própria de cada uma. Entre elas,

porém, devem hoje citar-se, de maneira especial, as associações e grupos internacionais de católicos.

Leigos dedicados ao serviço da Igreja a título especial

22. São na Igreja dignos de especial honra e encômio os leigos, quer solteiros, quer casados que, perpétua ou temporariamente se dedicam ao serviço das instituições e das respectivas atividades, com a sua competência profissional. É causa de grande regozijo para ela o fato de aumentar cada vez mais o número de leigos que dão o seu concurso às associações e obras de apostolado, quer dentro da sua nação, quer no campo internacional, quer principalmente nas comunidades católicas das Missões e das Igrejas jovens.

Os Pastores da Igreja de boa vontade e de alma agradecida recebam estes leigos, cuidem de que a sua condição satisfaça o mais possível as exigências da justiça, da equidade e da caridade, principalmente quanto à honesta sustentação deles e das suas famílias, e de que possam eles próprios ter a necessária formação, conforto espiritual e estímulo.

Capítulo V
Ordem a observar no apostolado

Introdução

23. O apostolado dos leigos exercido pelos cristãos, quer individualmente, quer coletivamente, deve inserir-se com a ordem devida no apostolado de toda a Igreja; mais ainda, a união com aqueles que o Espírito Santo pôs a reger a Igreja de Deus (cf. At 20,28) é elemento essencial do apostolado cristão. Não é menos necessária a cooperação entre as várias iniciativas de apostolado, a qual deve ser convenientemente ordenada pela hierarquia.

O *capítulo V* ("Ordem a observar no apostolado") insiste na organicidade do apostolado dos leigos: "O apostolado dos leigos exercido pelos cristãos, quer individualmente, quer coletivamente, deve inserir-se com a ordem devida no apostolado de toda a Igreja" (AA 23,1). Ainda que possa haver vários modos de relação com a hierarquia, segundo suas diversas formas e objetivos, "nenhuma iniciativa [no entanto] se atribua o nome de católica, sem que lhe advenha o consentimento da legítima autoridade eclesiástica" (AA 24,3). Algumas formas de apostolado leigo são explicitamente reconhecidas pela hierarquia; variam, porém, os modos de reconhecimento. Quando a hierarquia, "ordenando o apostolado de modo diverso, segundo as circunstâncias, une mais intimamente alguma das suas formas ao seu próprio múnus apostólico, respeitada, todavia, a própria natureza e distinção de cada

Com efeito, para promover o espírito de unidade a fim de que resplandeça, em todo o apostolado da Igreja, a caridade fraterna, se consigam os fins comuns e se evitem emulações perniciosas, exige-se uma mútua estima entre todas as formas de apostolado da Igreja e, respeitada a índole própria de cada uma delas, uma apta coordenação.[1]

Isto é importante principalmente, quando uma determinada atividade na Igreja requer a harmonia e a cooperação apostólica de um e de outro clero, dos religiosos e dos leigos.

Relações com a hierarquia

24. Pertence à hierarquia fomentar o apostolado dos leigos, dar princípios e auxílios espirituais, ordenar para o bem comum da Igreja o exercício do mesmo apostolado e exercer vigilância para que a doutrina e a ordem sejam observadas.

---

[1] Cf. Pio XI, Encicl. Quamvis Nostra, 30 abr. 1936: AAS 28 (1936) 160-161.

---

uma, sem, no entanto, tirar aos leigos a necessária faculdade de agirem espontaneamente", tal ato da hierarquia recebe, em vários documentos eclesiásticos, o nome de "mandato".

Os presbíteros tanto diocesanos como religiosos são solicitados a apoiar e fortalecer as formas especiais do apostolado laical. Para tanto, entre outras iniciativas, recomenda-se a criação de conselhos não só diocesanos e paroquiais, mas também em nível interparoquial, interdiocesano, nacional e internacional. Pede-se a criação, junto à Santa Sé, de um Secretariado especial a serviço do apostolado leigo. Recomenda-se ainda a cooperação dos católicos com os outros cristãos e com os não cristãos, em nome dos valores humanos comuns e da unidade da família humana.

O apostolado dos leigos admite diferentes modalidades nas suas relações com a hierarquia, consoante as diversas formas e objetos do mesmo apostolado.

Encontram-se, pois, na Igreja muitas iniciativas apostólicas criadas por livre escolha dos leigos e dirigidas pelo seu critério prudente. Por estas iniciativas, em certas circunstâncias, a missão da Igreja pode realizar-se melhor e, por isso, não raro são louvadas e recomendadas pela hierarquia.[2] Mas nenhuma iniciativa se atribua o nome de católica, sem que lhe advenha o consentimento da legítima autoridade eclesiástica.

Algumas formas de apostolado dos leigos são reconhecidas explicitamente pela hierarquia de diversas maneiras.

Pode, além disso, a autoridade eclesiástica, por exigências do bem comum da Igreja, de entre as associações e iniciativas apostólicas que visam imediatamente a um fim espiritual, escolher e promover de modo particular algumas, em que assume especial responsabilidade. Assim, a hierarquia, ordenando o apostolado de modo diverso, segundo as circunstâncias, une mais intimamente alguma das suas formas ao seu próprio múnus apostólico, respeitada, todavia, a própria natureza e distinção de cada uma, sem, no entanto, tirar aos leigos a necessária faculdade de agirem espontaneamente. Este ato da hierarquia, em vários documentos eclesiásticos, toma o nome de mandato.

Finalmente, a hierarquia confia aos leigos algumas funções que estão mais intimamente ligadas aos deveres dos pastores, como no ensino da doutrina cristã, nalguns atos litúrgicos e na cura de almas. Por força desta missão,

---

[2] Cf. Reescrito da S. C. do Concílio, Corrieten., 13 nov. 1920; AAS 13 (1921), 137-140.

os leigos, no que respeita ao exercício do seu múnus, estão submetidos plenamente à superior orientação eclesiástica.

Quanto às obras e instituições de ordem temporal, é missão da hierarquia eclesiástica ensinar e interpretar, autenticamente, os princípios da moral que devem ser seguidos no domínio temporal; ela tem o poder também de julgar, depois de tudo devidamente ponderado e com o auxílio de peritos, da conformidade de tais obras e instituições com os princípios morais e de determinar o que é requerido para salvaguardar e promover os bens de ordem sobrenatural.

Auxílio do clero ao apostolado dos leigos

25. Tenham sempre presente os bispos, os párocos e os restantes sacerdotes, de um e de outro clero, que o direito e o dever de exercer apostolado é comum a todos os fiéis, quer clérigos quer leigos, e que, na edificação da Igreja, também os leigos têm funções próprias.[3] Por conseguinte, trabalhem fraternalmente com os leigos, na Igreja e pela Igreja, e tenham um cuidado especial com os mesmos nas suas tarefas apostólicas.[4]

Sejam cuidadosamente escolhidos sacerdotes idôneos e devidamente formados, para ajudarem nas formas especiais do apostolado dos leigos.[5] Aqueles que se dedicam a este ministério, por missão recebida da hierarquia, representam esta na sua ação pastoral; favoreçam as convenientes relações dos leigos com ela, sempre fielmente unidos ao espírito e doutrina da Igreja; dediquem-se a alimentar

---
[3] Cf. Pio XII, Ao II Congresso Mundial de Apostolado dos leigos, 5 out. 1957; AAS 49 (1957), 927.
[4] Cf. Conc. Vat. II, Const. Dogm. De Eclesia, n. 37: AAS 57 (1965), 42-43.
[5] Cf. Pio XII, Exortação Apost. Menti Nostrae, 23 set. 1950: AAS 42 (1950), 660.

a vida espiritual e o sentido apostólico das associações católicas que lhes foram confiadas; estejam presentes nos respectivos trabalhos apostólicos com o seu sapiente conselho e favoreçam as suas iniciativas. Em diálogo constante com os leigos, examinem, atentamente, quais sejam os processos a adotar, para tornar mais frutuosa a ação apostólica. Promovam o espírito de unidade dentro da própria organização e desta com as demais.

Finalmente, os religiosos, irmãos ou irmãs, tenham em grande apreço as obras apostólicas dos leigos e, segundo o espírito e normas dos seus institutos, dediquem-se, de boa vontade, a promover as obras dos leigos;[6] procurem sustentar, ajudar e completar as funções do sacerdote.

Meios para a mútua cooperação

26. Nas dioceses, quanto possível, instituam-se conselhos que ajudem o trabalho apostólico da Igreja, quer no campo da evangelização e da santificação, quer no caritativo, social e noutros, cooperando convenientemente clérigos e religiosos com os leigos. Estes conselhos poderão servir para a mútua coordenação das várias organizações e iniciativas dos leigos, salva a própria índole e autonomia de cada uma.[7]

Organizem-se tais conselhos, à medida do possível, também no âmbito paroquial ou interparoquial, interdiocesano e mesmo em nível nacional e internacional.[8]

Constitua-se, além disso, junto da Santa Sé, um secretariado especial para serviço e impulso do apostolado dos

---

[6] Cf. Conc. Vat. II, Decr. De accommodata renovatione vitae religiosae, n. 8.
[7] Cf. Bento XIV, De Sinodo Diocesana, 1: III, c. IX, n. VII-VIII. Omnia opera in tomos XVII distributa, tom. XI (Prati, 1844), pp. 76-77.
[8] Cf. Pio XI, Encicl. Quamvis Nostra, 30 abr. 1936: AAS 28 (1936), 160-161.

leigos, funcionando como centro que forneça, por meios aptos, informações acerca das várias iniciativas apostólicas dos leigos, dedique-se às investigações dos problemas modernos que surgem neste campo e assista, com os seus conselhos, a hierarquia e os leigos, nas obras apostólicas. Façam parte deste secretariado os vários movimentos e iniciativas de apostolado dos leigos, existentes em todo o mundo, cooperando com os leigos também clérigos e religiosos.

Cooperação com os outros cristãos e não cristãos

27. O comum patrimônio evangélico e o consequente dever do testemunho cristão aconselham e muitas vezes exigem a cooperação dos católicos com os outros cristãos, a exercer-se pelos indivíduos e pela comunidade da Igreja, quer em atividades quer em associações, no âmbito nacional e no internacional.[9]

Os valores humanos comuns não raro reclamam também uma cooperação semelhante dos cristãos que se dedicam a fins apostólicos com aqueles que não professam o cristianismo mas reconhecem esses valores.

Com esta cooperação dinâmica e prudente,[10] que é de grande importância nas atividades temporais, os leigos dão testemunho de Cristo, Salvador do mundo, e da unidade da família humana.

---

[9] Cf. João XXIII, Encicl. Mater et Magistra, 15 maio 1961: AAS 53 (1961), 456-457. Cf. Conc. Vat. II, Decreto sobre o Ecumenismo, n. 12: AAS 57 (1965), 99-100.

[10] Cf. Conc. Vat. II, Decreto sobre Ecumenismo, n. 12: AAS 57 (1965), 100. Cf. ainda a Const. dogm. De Ecclesia, n. 15: AAS 57 (1965), 19-20.

Capítulo VI
Formação para o apostolado

Necessidade da formação para o apostolado

28. O apostolado só pode atingir plena eficácia com uma multiforme e integral formação, exigida não só pelo contínuo progresso espiritual e doutrinal do próprio leigo mas até pelas várias circunstâncias de coisas, pessoas e tarefas, às quais se deve adaptar a sua atividade. Esta formação em ordem ao apostolado deve apoiar-se naqueles fundamentos que noutros lugares foram afirmados e

---

O *capítulo VI* ("Formação para o apostolado") é enfático na afirmação da necessidade da formação para o apostolado: "O apostolado só pode atingir plena eficácia com uma multiforme e integral formação, exigida não só pelo contínuo progresso espiritual e doutrinal do próprio leigo mas até pelas várias circunstâncias de coisas, pessoas e tarefas, às quais se deve adaptar a sua atividade [...]. Além da formação comum a todos os cristãos, não poucas formas de apostolado requerem também uma formação específica e peculiar, em virtude da variedade de pessoas e circunstâncias" (AA 28,1). A formação apostólica dos leigos "recebe uma nota especial da mesma índole secular e própria do laicado e da sua espiritualidade" (AA 29,1). Ela supõe uma "formação humana integral", dentro da capacidade e das condições de cada pessoa, pois o leigo "deve ser um membro inserido na sociedade em que vive e na cultura desta" (AA 29,2). Decorrem, desses

declarados pelo Concílio.[1] Além da formação comum a todos os cristãos, não poucas formas de apostolado requerem também uma formação específica e peculiar, em virtude da variedade de pessoas e circunstâncias.

Princípios para a formação dos leigos ao apostolado

29. Visto que os leigos têm um modo próprio de participar na missão da Igreja, a sua formação apostólica recebe uma nota especial da mesma índole secular e própria do laicado e da sua espiritualidade.

A formação para o apostolado supõe uma formação humana integral, adaptada à capacidade e condições de cada um. O leigo, com efeito, conhecendo bem o mundo atual, deve ser um membro inserido na sociedade em que vive e na cultura desta.

---

[1] Cf. Conc. Vat. II, Const. dogm. De Ecclesia, cap. II, IV, V: AAS 57 (1965), 12-21; 37-49; cf. também o Decreto sobre o Ecumenismo, nn. 4, 6, 7, 12: AAS 57 (1965), 94, 96, 97, 99, 100; cf. ainda o n. 4 supra.

---

princípios gerais, alguns mais específicos: aprender a cumprir a missão de Cristo e da Igreja; ter sólida formação espiritual, doutrinal e pastoral; desenvolver a arte de conviver, cooperar e dialogar; articular formação teórica e prática, especialmente pelo uso do método ver-julgar-agir (AA 29,3-7). A formação do apóstolo leigo deve começar na família, passar por outras instâncias, especialmente os grupos ou associações de leigos, e jamais terminar, uma vez que, "com o avançar da idade, torna-se mais aberto o espírito" (AA 30,6).

O decreto fecha-se com uma vibrante "exortação final" aos leigos e leigas a responderem, "com decisão de vontade, ânimo generoso e disponibilidade de coração" (AA 33), à voz de Cristo e ao impulso do Espírito que os convoca ao apostolado.

Em primeiro lugar, porém, aprenda o leigo a cumprir a missão de Cristo e da Igreja, vivendo da fé no mistério divino da criação e da redenção, movido pelo Espírito Santo vivificador do Povo de Deus, que impele todos os homens a amar a Deus Pai e, nele, o mundo e os homens. Esta formação deve considerar-se como fundamento e condição de qualquer apostolado frutuoso.

Além da formação espiritual, requer-se uma sólida preparação doutrinal, nomeadamente teológica, ética, filosófica, segundo a diversidade de idade, condição e talento. De forma nenhuma se descure a importância também da cultura geral, unida à formação prática e técnica.

Para cultivar as boas relações humanas, é necessário que se cultivem os valores verdadeiramente humanos, em primeiro lugar a arte de fraternalmente conviver e de cooperar e, ainda, de estabelecer diálogo.

Visto que a formação para o apostolado não pode consistir só na instrução teórica, aprendam gradual e prudentemente, logo desde o início da sua formação, a ver, julgar e agir, tudo à luz da fé, a formarem-se e a aperfeiçoarem-se a si mesmos com os outros pela ação e, assim, a entrar no serviço ativo da Igreja.[2] Esta formação que deve ser constantemente aperfeiçoada, por causa da maturidade crescente da pessoa humana e da evolução dos problemas, exige um conhecimento cada vez mais profundo e uma ação sempre mais adaptada. Na satisfação de todas as exigências da formação, há de ter-se sempre presente a unidade e integridade da pessoa humana, de modo a salvar e a aumentar a sua harmonia e equilíbrio.

---

[2] Cf. Pio XII, Aloc. à I Conferência Internacional dos Escoteiros, 6 jun. 1952: AAS 44 (1952) 579-580; João XXIII, Encicl. Mater et Magistra, 15 maio 1961: AAS 53 (1961), p. 456.

Deste modo, o leigo insere-se, a fundo e ativamente, na própria realidade da ordem temporal e assume eficazmente a parte que lhe cabe, na gestão das coisas e, ao mesmo tempo, como membro vivo e testemunha da Igreja, torna-a presente e operante no próprio seio das realidades temporais.[3]

A quem compete formar para o apostolado

30. A formação para o apostolado deve começar logo na primeira educação das crianças. Iniciem-se dum modo especial no apostolado os adolescentes e jovens e sejam imbuídos deste espírito. Esta formação deve aperfeiçoar-se por toda a vida, à medida das exigências de novas responsabilidades assumidas. É, pois, evidente que aqueles a quem compete a educação cristã têm também o dever da formação para o apostolado.

É dever dos pais na família preparar os filhos, desde a infância, para conhecerem o amor de Deus para com todos os homens e ensinar-lhes gradualmente, sobretudo com o exemplo, a solicitude pelas necessidades do próximo, tanto materiais como espirituais. Torne-se, portanto, a família toda e a sua vida em comum como que um tirocínio de apostolado.

Além disso, é necessário educar as crianças de modo que, ultrapassando o âmbito familiar, se abram às comunidades tanto eclesiais como temporais. Sejam acolhidas na comunidade local da paróquia de modo tal que adquiram nela a consciência de que são membros vivos e ativos do Povo de Deus. E os sacerdotes, na catequese e na pregação, na direção das almas e noutros ministérios pastorais, tenham sempre presente a formação para o apostolado.

---

[3] Cf. Conc. Vat. II, Const. dogm. De Ecclesia, n. 33: AAS 57 (1965), p. 39.

Também às escolas, colégios e outras instituições católicas ao serviço da formação cumpre fomentar nos jovens o sentido católico e a ação apostólica. Se falta esta formação, ou porque os jovens não frequentam aquelas escolas, ou por outra causa, tanto mais por ela se devem interessar os pais, os pastores de almas e as associações apostólicas. Os mestres e educadores, que pela sua vocação e por dever de estado exercem uma forma excelente de apostolado dos leigos, sejam imbuídos da doutrina necessária e da arte pedagógica com que possam dar eficazmente esta formação.

Também os grupos e associações de leigos, quer tenham em vista o apostolado, quer outros fins sobrenaturais, devem favorecer cuidadosa e assiduamente, segundo os seus objetivos e modalidades próprias, a formação para o apostolado.[4] Elas são, muitas vezes, a via ordinária da adequada formação para o apostolado. Nelas se dá, na verdade, a formação doutrinal, espiritual e prática. Os seus membros com os companheiros ou amigos, em pequenos grupos, ponderam os métodos e frutos da sua atividade apostólica e confrontam com o Evangelho o seu modo de viver cotidiano.

Tal formação deve ser ordenada de tal modo que se tenha em conta todo o apostolado dos leigos, que deve ser exercido não só dentro dos próprios grupos das associações, mas também em todas as circunstâncias e por toda a vida, principalmente, na profissional e social. Mais ainda, cada um deve preparar-se cuidadosamente para o apostolado, obrigação que se torna mais urgente na idade adulta. Pois, com o avançar da idade, torna-se mais aberto o

---

[4] Cf. João XXIII, Encicl. Mater et Magistra, 15 maio 1961: AAS 53 (1961), p. 455.

espírito, e assim, cada um mais diligentemente pode descobrir os talentos com que Deus enriqueceu a sua alma e exercer mais eficazmente aqueles carismas que lhe foram dados pelo Espírito Santo, para o bem dos seus irmãos.

Adaptar a formação às várias formas de apostolado

31. As várias formas de apostolado exigem também uma formação particularmente adequada:

a) Quanto ao apostolado de evangelização e de santificação dos homens, os leigos devem ser formados especialmente em ordem a estabelecer diálogo com os outros, crentes ou não, para manifestar a todos a mensagem de Cristo.[5]

Mas como em nossos dias o materialismo multiforme largamente se difunde por toda a parte, mesmo entre os católicos, os leigos, não só mais diligentemente devem aprender a doutrina católica, em especial aqueles pontos capitais que são discutidos, mas ainda diante de qualquer forma de materialismo devem dar testemunho duma vida evangélica.

b) Quanto à instauração cristã da ordem das realidades temporais, os leigos sejam instruídos sobre o verdadeiro significado e valor dos bens temporais, tanto em si mesmos como em ordem a todos os fins da pessoa humana; exercitem-se no reto uso das coisas e na organização das instituições, atendendo sempre ao bem comum segundo os princípios da doutrina moral e social da Igreja. Em primeiro lugar, os leigos devem aprender os princípios da doutrina social e as suas conclusões, de maneira a

---

[5] Cf. Pio XII, Encicl. Sertum Laetitiae, 1º nov. 1939: AAS 31 (1939) 635-644; cf. id., Aloc. aos "Laureati" da A. C. Italiana, 24 maio 1953: AAS 45 (1953), 413-414.

tornarem-se capazes não só de contribuir com a sua parte para o progresso da doutrina, como também de aplicá-la retamente a cada um dos casos.[6]

c) Visto que as obras de caridade e misericórdia apresentam um preclaro testemunho de vida cristã, a formação apostólica deve levar também ao exercício delas, para que os fiéis aprendam, desde a própria infância, a condoer-se dos irmãos e a socorrê-los generosamente, quando necessitados.[7]

Meios de formação

32. Os leigos dedicados ao apostolado já têm à sua disposição muitos meios, isto é, reuniões, congressos, retiros, exercícios espirituais, encontros frequentes, conferências, livros e comentários, que permitem aprofundar o conhecimento da Sagrada Escritura e da doutrina católica, para alimentar a vida espiritual e ainda para conhecer as condições do mundo, descobrir métodos adequados e aperfeiçoá-los.[8]

Estes meios de formação têm em conta as diversas formas do apostolado, nos ambientes em que este se exerce.

Para este fim, foram também eretos centros ou institutos superiores, que já deram ótimos frutos.

O sagrado Concílio alegra-se com as iniciativas deste gênero, já florescentes nalgumas regiões, e deseja

---

[6] Cf. Pio XII, ao Congresso Universal da Federação Mundial da Juventude Católica Feminina, 18 abril 1952: AAS 44 (1952), 414-419; cf. id., Aloc. à Associação Cristã dos Trabalhadores da Itália (A.C.L.I.), 1º maio 1955: AAS 47 (1955), 403-404.

[7] Cf. Pio XII, aos Delegados do Congresso das Associações de Caridade, 27 abr. 1952: AAS 44 (1952), 470-471.

[8] Cf. João XXIII, Encicl. Mater et Magistra, 15 maio 1961: AAS 53 (1961), p. 454.

que se promovam também noutros lugares onde forem necessárias.

Além disso, erijam-se centros de documentação e de estudo, não só teológicos, mas também antropológicos, psicológicos, sociológicos e metodológicos, para que melhor se desenvolvam as faculdades intelectuais dos leigos, homens e mulheres, jovens e adultos, para todos os campos de apostolado.

Exortação

33. O sagrado Concílio roga, pois, instantemente no Senhor a todos os leigos que correspondam, com decisão de vontade, ânimo generoso e disponibilidade de coração, à voz de Cristo que nesta hora os convida com mais insistência, e ao impulso do Espírito Santo. De modo especial sintam os mais jovens este apelo que lhes é dirigido, e aceitem-no com alegria e magnanimidade. O próprio Senhor, por este sacrossanto Concílio, de novo convida todos os leigos a que se unam a ele, cada vez mais intimamente, e, sentindo como próprio tudo o que é dele (cf. Fl 2,5), se associem à sua missão salvífica; ele de novo os envia a toda cidade e lugar aonde ele mesmo há de vir (cf. Lc 10,1); que, nas variadas formas e modos do único apostolado da Igreja, que deve continuamente adaptar-se às novas necessidades dos tempos, eles se lhe ofereçam como colaboradores, cada vez mais generosos na obra do Senhor, certos de que nele não é vão o seu esforço (cf. 1Cor 15,28).

Promulgação

Todas e cada uma das coisas que neste Decreto se estabelecem pareceram bem aos Padres do Concílio. E nós, pelo poder apostólico que nos foi confiado por Cristo, juntamente com os veneráveis Padres, no Espírito Santo as aprovamos, decretamos e estabelecemos, e tudo quanto assim conciliarmente foi estatuído, mandamos que, para glória de Deus, seja promulgado.

Roma, junto de São Pedro,
aos 18 de novembro de 1965.
Eu, PAULO, Bispo da Igreja Católica
(Seguem-se as assinaturas dos Padres Conciliares)

Impresso na gráfica da
Pia Sociedade Filhas de São Paulo
Via Raposo Tavares, km 19,145
05577-300 - São Paulo, SP - Brasil - 2018